ANNA KISCH

# SIBO

## —KOCHBUCH—

JT Handels UG
Berumer Str. 44
26844 Jemgum

# INHALT

Wissenswertes ........ 1

*Was ist SIBO überhaupt?* ........ 2

*Ernährung* ........ 5

*Tipps und Tricks* ........ 8

Frühstück ........ 12

*Pancakes* ........ 13

*Kokos-Reispudding* ........ 14

*Zucchini-Frühstücksmuffins* ........ 15

*Selbst gemachtes Granola* ........ 16

*Bananenbrot-Porridge* ........ 17

*Asiatische Frühstücks-Bowl* ........ 18

*Chia-Pudding mit Obst* ........ 19

*Mexikanische Frühstückseier* ........ 20

*Waffeln* ........ 21

*Möhren-Porridge* ........ 22

Brote ........ 23

*Knäckebrot ohne Mehl* ........ 24

*Fluffiges Rosmarin-Brot* ........ 25

*Bananen-Karotten-Brot* ........ 26

*Low-Carb-Zucchini-Brot* ........ 27

*Mandelmehl-Brötchen* ........ 28

*Superfood-Brot* ........ 29

Aufstriche, Soßen, Dips ....................................30

*Avocado-Limetten-Dressing* .......... 31

*Baba Ghanoush* .......... 32

*Basilikum-Pesto* .......... 33

*Rote-Bete-Dip* .......... 34

*Kräuter-Kürbiskern-Pesto* .......... 35

Salate ....................................36

*Quinoa-Salat Thai-Style* .......... 37

*Granatapfel-Sellerie-Salat* .......... 38

*Fruchtsalat* .......... 39

*Bohnen-Kartoffel-Salat* .......... 40

*Asia-Zucchini-Salat* .......... 41

*Papaya-Hühnchen-Salat* .......... 42

*Warmer Grünkohlsalat* .......... 43

*Auberginensalat* .......... 44

*Orangen-Walnuss-Salat* .......... 45

Hauptgerichte mit Fleisch & Geflügel ....................................46

*Keine-Bohnen-Chili* .......... 47

*Hühnchen-Salbei-Risotto* .......... 48

*Hähnchen in Honig-Senf-Soße* .......... 49

*Kokos-Basilikum-Pfanne* .......... 50

*Gebratenes Hähnchen mit gedämpftem Gemüse* .......... 51

*Hähnchen-Paella* .......... 52

*Fleischsalat-Wraps* .......... 53

*Swiss-Steak* .......... 54

*Schaschlikspieße* .......... 55

*Hirse-Hack-Eintopf* .......... 56

*Teriyaki-Pfanne* .......... 57

*Indisches Schmorhuhn* .......... 58

Hauptgerichte mit Fisch & Meeresfrüchten ................ 59

*Fischersmann-Eintopf* ........ *60*

*Poké Bowl mit Karottenreis* ........ *61*

*Thunfisch-Brokkoli-Salat* ........ *62*

*Orangen-Butter-Lachs* ........ *63*

*Weißwein-Heilbutt mit Gemüse* ........ *64*

*Chili-Kabeljau* ........ *65*

*Lachs mit Blaubeersoße* ........ *66*

*Scharfe Shrimp-Bowl* ........ *67*

*Lachs-Gemüse-Suppe* ........ *68*

Vegetarische Hauptgerichte ................ 69

*Kartoffel-Pilz-Suppe* ........ *70*

*Cremige Tomatensuppe* ........ *71*

*Einfache Blumenkohl-Pizza* ........ *72*

*Süßkartoffel-Puffer mit Kimchi* ........ *73*

*Gemüse-Tarte* ........ *74*

*Ofen-Ratatouille* ........ *75*

*Spinat-Quiche ohne Kruste* ........ *76*

*Überbackene Aubergine* ........ *77*

*Gnocchi in Salbeibutter* ........ *78*

*Kartoffelgratin* ........ *80*

*Hirsen-Soufflé* ........ *81*

*Gemüse-Buchweizen-Auflauf* ........ *82*

*Möhren-Tagliatelle* ........ *83*

*Gefüllte Zucchinirolle* ........ *84*

Vegane Hauptgerichte ................ 85

*Ofengemüse* ........ *86*

*Veganes Curry* ........ *87*

*Sommer-Gemüsesuppe* ........ *88*

*Rote-Linsen-Dahl* ........ 89
*Buchweizen-Pfannkuchen mit Gemüse* ........ 90
*Sommerröllchen* ........ 91
*Gemüse-Tofu-Pfanne* ........ 92
*Vegane Burritos* ........ 93
*Kürbis-Karotten-Risotto* ........ 94
*Gemüse-Wraps mit Hummus* ........ 95
*Ofenkartoffeln* ........ 96

Fingerfood & Snacks ........ 97

*Blumenkohl-Snack* ........ 98
*Snack-Frittata* ........ 99
*Knusprige Grünkohl-Chips* ........ 100
*Knoblauch-Kräuter-Cracker* ........ 101
*Blaubeeren-Energy-Balls* ........ 102
*Chicorée-Fächer* ........ 103
*Kohlrabi-Pommes* ........ 104
*Auberginen-Mini-Pizza* ........ 105
*Feigen in Schokolade* ........ 106
*Gebackene Eier-Muffins* ........ 107

Süßspeisen & Desserts ........ 108

*Walnuss-Riegel* ........ 109
*Zitronen-Tarte* ........ 110
*Pistazien-Baklava* ........ 111
*Erdmandel-Himbeer-Macarons* ........ 112
*Beeren-Parfait* ........ 113
*Chocolate-Chip-Eiscreme* ........ 114
*Erdbeer-Rhabarber-Crumble* ........ 115
*Zimtplätzchen* ........ 116

Getränke ........ 117

*Leinsamen-Tee* ........ *118*

*Acai-Drink* ........ *119*

*Erdnuss-Bananen-Smoothie* ........ *120*

*Kurkuma-Tee* ........ *121*

*Magen-Heiltee* ........ *122*

*Himbeershake* ........ *123*

# Wissenswertes

Bevor es mit den Rezepten losgeht, lohnt sich ein kurzer Überblick über das Thema SIBO. In diesem Kapitel erfahren Sie viel Wissenswertes über SIBO, wertvolle Hintergrundinformationen, praktische Tipps für den Alltag mit der Dünndarmfehlbesiedlung und Regeln für eine gelungene SIBO-Ernährung. Diese Informationen werden Ihnen dabei helfen, die Symptome besser zu verstehen und ein besseres Gefühl dafür zu bekommen, was Ihr Darm braucht. Haben Sie beim Lesen stets im Hinterkopf, dass das Leben mit SIBO für Betroffene unterschiedlich aussehen kann und jeder Fall auch individuell betrachtet werden muss.

# WAS IST SIBO ÜBERHAUPT?

SIBO steht für Small Intestinal Bacterial Overgrowth, oder bakterielle Dünndarmfehlbesiedlung, und ist eine ernste Erkrankung, die den Dünndarm betrifft. SIBO tritt auf, wenn die bakterielle Population im Dünndarm zunimmt. Doch was genau ist schlimm daran?

In jedem Darm wohnen Unmengen an Bakterien, die zusammen unsere Darmflora bilden. Die Darmflora ist nicht nur wichtig für unser Verdauungssystem, sondern auch für unseren gesamten Körper. Beispielsweise befindet sich ein wichtiger Teil des Immunsystems im Darm, weshalb eine gesunde Darmflora uns vor Entzündungen und Krankheitserregern schützt. Die Darmflora beeinflusst unseren Stoffwechsel und spielt eine Rolle bei der Regulation des Körpergewichts und des Blutzuckerspiegels. Seit einigen Jahren wird außerdem immer mehr erforscht, wie sehr der Darm mit unserem psychischen Wohlbefinden in Zusammenhang steht. Sind die Darmbakterien im Ungleichgewicht, kann dies sogar Stimmungsstörungen wie Angstzustände oder Depressionen hervorrufen.

Im Dünndarm und Dickdarm befinden sich jeweils verschiedene Bakterien, die unterschiedliche Fähigkeiten haben – über 1.000 Arten. Davon leben die meisten im Dickdarm. Dort nehmen sie unverdauliche Nahrungsreste an und versuchen, noch etwas Gutes aus ihnen herauszuholen. Wenige Bakterien gibt es hingegen im Dünndarm. Hier werden Eiweiße, Kohlenhydrate und Fette aus der Nahrung gefiltert. Durch eine sogenannte Schleimhautklappe zwischen Dünndarm und Dickdarm soll verhindert werden, dass Bakterien des Dickdarms in den Dünndarm übersiedeln – ansonsten machen sich diese Bakterien an den Nährstoffen zu schaffen, die der Körper braucht. Wenn die Darmmotorik gestört und damit die Funktion der Schleimhautkappe gestört ist, schaffen es die Dickdarmbakterien, sich an Stellen auszubreiten, an denen sie nichts verloren haben. So kommt es zu einer Dünndarmfehlbesiedlung bzw. zu SIBO.

### Ursachen

Es kann einige Ursachen für SIBO geben. Zu den häufigsten gehören Nahrungsmittelunverträglichkeiten, Entzündungen oder generelle Körperfehlfunktionen wie eine Schilddrüsenunterfunktion. Operative Eingriffe sind ebenfalls mit Risiken verbunden. Bei einer Neuverbindung des Dünndarms mit dem Dickdarm etwa kann die Klappe am Ende des Dünndarms möglicherweise nicht ordnungsgemäß funktionieren. Nach einer Magenoperation kann es auch passieren, dass nicht genug saurer Magensaft für die natürliche Keimbarriere vorhanden ist.

SIBO kann auch durch geschädigte Darmnerven vorkommen, was bei Autoimmunerkrankungen oder Diabetes auftritt. Der Dünndarm kann den Darminhalt dann nicht mehr gut weiterbefördern. Zudem kann eine Behandlung mit Antibiotika eine Bakterienansiedlung im Dünndarm begünstigen.

### Symptome

In der Folge bedienen sich Dickdarmbakterien im Dünndarm und essen sich am Nahrungsbrei satt, wodurch Gase entstehen. Der Stoffwechsel der Bakterien lässt Säure entstehen, die wiederum die Darmwand angreift und die Nährstoffaufnahme schwieriger macht.

Zu den typischen Symptomen von SIBO gehören:

- verminderter Appetit
- Übelkeit und Bauchschmerzen
- Blähungen
- Durchfall
- Mangelernährung
- Müdigkeit
- ein unbeabsichtigter Gewichtsverlust
- ein unangenehmes Völlegefühl nach dem Essen

Sobald diese Symptome, allen voran Blähungen, Übelkeit und Durchfall, regelmäßig vorkommen, sollten Sie Ihren Arzt aufsuchen. Eine gründliche medizinische Untersuchung und Feststellung einer Diagnose sind der erste Schritt zur Besserung.

**Diagnose**

Um festzustellen, ob eine SIBO-Erkrankung vorliegt, wird in der Regel ein Atemtest gemacht. Dabei wird in einem Zeitraum von mehreren Stunden die Konzentration von Wasserstoff und Methan in der Atemluft des Patienten gemessen. Bei einer normalen Darmflora sollten nur geringe Mengen an Wasserstoff und Methan aufzufinden sein. Wenn aber Bakterien im Dünndarm Kohlenhydrate fermentieren, produzieren sie beides als Nebenprodukte, die über den Darm in die Lunge kommen und ausgeatmet werden. So kann eine mögliche bakterielle Überwucherung im Dünndarm festgestellt werden. Zusätzlich beachtet der Arzt die Krankengeschichte des Patienten und überprüft über ein Blutbild, ob Eisenmangel, Vitaminmangel oder eine hormonelle Störung vorliegen.

**Behandlung**

Das größte Problem bei der Behandlung von SIBO ist, dass es nicht den einen Weg oder das eine Mittel gibt, das zum Erfolg führt. Hinzu kommt, dass die Erkrankung außerdem oft mit anderen Magen-Darm-Erkrankungen wie Leaky Gut auftritt oder gar teilweise auch von erfahrenen Ärzten mit diesen verwechselt wird, was die Behandlung noch erschwert.

Wenn durch die Dünndarmfehlbesiedlung Mangelerscheinungen oder ein Vitaminmangel vorliegen, sind erst einmal medizinische Präparate nötig, um diese auszugleichen. Viele Ärzte verschreiben auch ein Antibiotikum zur Therapie, was die nervigen Symptome häufig mildert. Problematisch ist nur, dass bei einer Behandlung mit Antibiotika auch gleichzeitig gesunde Darmbakterien beeinflusst werden. Ein paar Wochen nach der Behandlung kann es außerdem zu einer erneuten Fehlbesiedlung kommen.

# ERNÄHRUNG

Zu den sichersten Methoden gegen SIBO gehört die Umstellung in Sachen Ernährung. Das Ziel hierbei ist es, die schädlichen Dickdarmbakterien im Dünndarm auszuhungern – das wird erreicht, indem auf bestimmte Lebensmittel verzichtet wird und andere vermehrt verspeist werden. Eine Kombination aus Lebensmitteln, die probiotikareich sind, und jene, die einen niedrigen FODMAP-Gehalt haben, bildet hier den diätetischen Ansatz.

**Was soll nun dieses FODMAP bedeuten?**

FODMAP steht für fermentierbare Oligo-, Di- und Monosaccharide und Polyole. Dabei handelt es sich um Kohlenhydrate, die besonders schwer zu verdauen sind und beim Abbau im Darm von Bakterien vergärt werden. Bei einer Low-FODMAP-Diät werden solche fermentierbaren Kohlenhydrate am Anfang ganz vermieden, sodass der Darm sich sozusagen „neu starten" kann. Auf Lebensmittel wie Weizen, Zwiebeln, Knoblauch und andere wird verzichtet. Schließlich können FODMAP-haltige Lebensmittel Stück für Stück wieder in die Ernährung mit aufgenommen werden, da die Darmprobleme dann in der Regel nicht mehr vorhanden sind.

Auf der anderen Seite konzentriert sich die probiotikareiche Ernährung darauf, Lebensmittel zu konsumieren, die das Wachstum nützlicher Darmbakterien fördern. Fermentierte Lebensmittel wie Joghurt, Kefir oder Sauerkraut sind besonders hilfreich. Die in diesen Lebensmitteln enthaltenen lebenden Bakterienkulturen helfen dabei, das Darmgleichgewicht wiederherzustellen und die Verdauungsgesundheit im Allgemeinen zu verbessern.

Durch die Kombination dieser beiden Ansätze können Menschen, die von SIBO betroffen sind, einen Ernährungsplan erstellen, der eine gesunde Darmumgebung unterstützt und die quälenden Symptome minimiert. Allerdings gibt es ein paar Punkte bei einer solchen Diät zu beachten:

1. Die Diät sollte nicht in Eigenregie durchgeführt werden. Die strenge Form einer Low-FODMAP-Diät sollte nur über einen kurzen Zeitraum durchgeführt werden und sollte immer unter fachlicher Begleitung eines Arztes oder

eines Ernährungsexperten durchgeführt werden. Diese können die Diät an Ihre individuellen Bedürfnisse anpassen und sicherstellen, dass alle ernährungsphysiologischen Anforderungen erfüllt sind.
2. Das langsame Reintegrieren an High-FODMAP-Lebensmitteln nach ein paar Wochen ist wichtig, denn ansonsten kann es zu Mangelerscheinungen kommen. Wenden Sie sich auch in dieser Phase an Experten.
3. Eine Ernährungsumstellung allein reicht nicht bei jedem Patienten aus, um SIBO vollständig loszuwerden. Andere Maßnahmen wie eine antimikrobielle Therapie oder die Behandlung von zugrunde liegenden Erkrankungen können unter Umständen ebenfalls erforderlich sein, um die Dünndarmfehlbesiedlung zu behandeln.

Dennoch lohnt es sich, eine Low-FODMAP-Ernährung zumindest einmal auszuprobieren. Symptome werden damit sicher gemildert und der Darm hat einmal eine Pause von den lästigen Bakterien aus dem Dickdarm. Die Umstellung ist erst einmal gewöhnungsbedürftig, da die Einteilung in „erlaubte" und „nicht erlaubte" Lebensmittel auf den ersten Blick recht willkürlich erscheint, trotzdem lassen sich auch bei einer Low-FODMAP-Ernährung leckere Gerichte zaubern.

**Regeln für eine SIBO-Ernährung**

Aufgrund der bereits erläuterten komplexen Problematik von SIBO ist es kaum möglich, feste Regeln für eine Ernährung oder gar eine Diät aufzustellen. Was dem einen hilft, hilft dem anderen nicht – Lebensmittel, die bei SIBO eigentlich „verboten" sind, sind trotzdem ab und zu gesund und oft auch nicht aus einer ausgewogenen Ernährung wegzudenken. Die folgende Einteilung in „Gut" und „Schlecht" ist dennoch nützlich, wenn es darum geht, akute SIBO-Symptome durch Einschränkungen in der Ernährung zu verbessern. Haben Sie die folgende Einteilung an Lebensmitteln am besten beim Einkaufen immer dabei oder informieren Sie sich während des Einkaufens darüber, ob ein Produkt Low-FODMAP oder High-FODMAP ist. Das Internet ist hier eine praktische Quelle.

*Früchte*

Schlecht: Apfel, Birne, Mango, Kirsche, Pfirsich, Pflaume

Gut: Kiwi, Ananas, Erdbeeren, Himbeeren, Weintrauben, Blaubeeren, Zitrone, Orange, (unreife) Banane

*Gemüse*

Schlecht: Erbsen, Blumenkohl, grüne Paprika, Spargel, Pilze, Zwiebeln

Gut: Aubergine, Zucchini, Gurke, Brokkoli, Paprika, Tomate, Salat, Spinat, Möhren, Kürbis, Kartoffeln

*Getreideprodukte*

Schlecht: Roggen, Weizen, Gerste, Couscous, Amarant, Dinkelvollkorn, Grieß

Gut: Hafer, Reis, Dinkel, glutenfreies Mehl, Buchweizen, Polenta, Quinoa

*Zucker*

Schlecht: Honig, Agavendicksaft, helle Schokolade

Gut: Zucker, Ahornsirup, Erdnussbutter, dunkle Schokolade

*Milchprodukte*

Schlecht: Buttermilch, Vollmilch, Kondensmilch, Frischkäse, Sahne, Weichkäse, Margarine, Hüttenkäse

Gut: Mandelmilch, Kokosmilch, Butter, Mozzarella, Hartkäse, Parmesan, Tofu, Tempeh

# TIPPS UND TRICKS

Der persönliche Leidensweg mit SIBO sieht zwar für jede Person ein wenig anders aus, dennoch gibt es einige Tipps und Tricks, die mit hoher Wahrscheinlichkeit einen positiven Effekt haben.

**Fachärzte**

Es kann nicht oft genug gesagt werden: Für eine erfolgreiche Diagnose und Behandlung braucht es Fachärzte oder Gastroenterologen. In manchen Fällen müssen mehrere Experten zurate gezogen werden, bis eine unterliegende Ursache oder eine korrekte Behandlungsmethode gefunden ist. Ein solcher „Ärztemarathon" kann zwar anstrengend sein, aber mehrere professionelle Einschätzungen können Ihnen mehr Sicherheit und Optionen bieten.

**Auf Portionsgrößen achten**

Große Mahlzeiten können die SIBO-Symptome verschlimmern, da die Dickdarmbakterien sich dann an mehr Ernährungsbrei zu schaffen machen können und so das Risiko für Blähungen, Durchfall etc. steigt. Vielen Betroffenen hilft es, eher kleinere Portionen über den Tag verteilt zu essen, anstatt weniger und größere Mahlzeiten, um die Belastung für das Verdauungssystem zu verringern.

**Trigger-Lebensmittel vermeiden**

Identifizieren Sie die Lebensmittel, die Ihre Symptome nach dem Essen am ehesten verschlimmern, damit Sie sie dann in Zukunft vermeiden können. Bei jedem Menschen mit SIBO können das unterschiedliche Lebensmittel sein. Wenn Sie sich nicht sicher sind, welche Trigger Ihnen die meisten Probleme bereiten, führen Sie eine Weile lang ein Ernährungstagebuch. Dabei dokumentieren Sie Ihre Mahlzeiten genau und halten dann auch fest, wie Sie sich nach dem Verzehr fühlen.

**Bewegung**

Grundsätzlich hilft es bei Dünndarmfehlbesiedlung, einen gesunden Lebensstil zu pflegen. Abgesehen vom Ernährungsstil zählt dazu auch regelmäßige Bewegung. Die hält nicht nur gesamtkörperlich fit, regelmäßige Bewegung fördert auch die Darmmotilität und unterstützt die Verdauung. Schon kleine Bewegungseinheiten, die sich durch z. B. Treppenstufen in den Alltag einbauen lassen, haben einen positiven Effekt.

**Genug Wasser und Probiotika**

Trinken Sie unbedingt ausreichend Wasser, um eine gute Hydration im Körper aufrechtzuerhalten. Eine erwachsene Person sollte 2 bis 3 Liter Wasser am Tag trinken, das entspricht 8 bis 12 Gläsern. Um das Gleichgewicht der Bakterien der Darmflora zu verbessern, können auch Nahrungsergänzungsmittel eingenommen werden. Dies sollte aber am besten auch mit dem behandelnden Arzt besprochen werden.

**Stressbewältigung**

Auch Stress kann die Symptome von SIBO verschlimmern. Das liegt vor allem daran, dass der Darm und das autonome Nervensystem miteinander verbunden sind und Stress Entzündungsreaktionen im Körper begünstigt. Versuchen Sie daher, gezielt Entspannungstechniken wie Yoga, Pilates, Atemübungen oder Meditation sowie soziale Interaktionen in den Alltag zu implementieren, um Stress abzubauen.

**Begleiterkrankungen behandeln**

Begleiterkrankungen wie Morbus Crohn oder Zöliakie hängen oft mit der SIBO-Erkrankung zusammen. Es ist daher wichtig, der richtigen Diagnose nachzugehen und eine Therapie zu finden, die alle Symptome lindert.

**SIBO nicht zum Tabu machen**

Für viele Betroffene ist SIBO nicht nur körperlich, sondern auch psychisch eine Belastung. Es kann schwer sein, mit den Symptomen umzugehen; viele müssen ihren Lebensstil der Erkrankung anpassen, um auf Nummer sicher zu gehen. Die ständige Angst, die Symptome erleiden zu müssen und eventuell Rückschläge zu erleiden, ist auf Dauer sehr stressig. Das wiederum schwächt den Körper nur noch mehr.

Außerdem kann es schwer sein, sich anderen Menschen gegenüber zu öffnen und über die Erkrankung zu sprechen. Obwohl Schätzungen zufolge weltweit mehrere Millionen Menschen an SIBO leiden, wird über das Problem in der Öffentlichkeit kaum geredet und ist schambehaftet. Dabei ist es gerade der Austausch mit anderen Menschen, der es oft einfacher macht. Wenn vertraute Menschen im eigenen Umfeld von der Erkrankung und den Schwierigkeiten wissen, können sie sich besser an die eigenen Bedürfnisse anpassen und eine Stütze sein. Entgegengebrachtes Verständnis und Sympathie können stark entlastend wirken, was wiederum das psychische und körperliche Wohlbefinden fördert.

Vor allem der Austausch mit anderen Betroffenen ist hilfreich. Mit ihnen können Tipps und Hilfestellungen ausgetauscht werden und das Gemeinschaftsgefühl trägt dazu bei, hoffnungsvoll und lebensbejahend zu bleiben.

**Nicht aufgeben**

Der vielleicht wichtigste Tipp: Geben Sie nicht auf! Wer mit SIBO zu kämpfen hat, sieht sich oft mit misslichen Lagen und Rückschlägen konfrontiert. Das ist ermüdend. Doch es lohnt sich durchzuhalten: Nur wer verschiedene Therapien ausprobiert, sich immer weiter informiert und am Ball bleibt, kann auch mit einem Darm, der nicht immer so will wie man selbst, unbeschwert durch den Alltag gehen. Die Behandlung von SIBO erfordert Zeit und Geduld – also geben Sie nicht auf und ermöglichen Sie Ihrem Körper, sich zu erholen und zu heilen.

Im folgenden Rezeptteil erwarten Sie verschiedene Gerichte, die für einen SIBO-Ernährungsplan geeignet sind. Nicht alle der Gerichte sind streng Low-

FODMAP, FODMAP-reiche Lebensmittel werden aber bei Verwendung nur in sehr geringen Mengen benutzt. Wie viele fermentierbare Kohlenhydrate Sie vertragen, ist individuell. Besprechen Sie eine strenge Low-FODMAP-Diät mit einem Facharzt.

# Frühstück

# PANCAKES

16 Port. 15 Min. Leicht

**Zutaten**

6 Eier
80 ml Kokosöl (geschmolzen)
150 g Mandelmehl
½ TL Backpulver
80 ml Kokosmilch
1 TL Vanille
1 EL Honig
1 TL Apfelessig
1 Prise Salz

**Nährwerte p. P.**

*155 kcal*
*10 g Kohlenhydrate*
*14 g Fett*
*5 g Eiweiß*

1 Geben Sie alle Zutaten, bis auf den Essig und 2 EL Kokosöl, in einen Mixer und mixen Sie alles, bis der Teig eine cremige Konsistenz hat.

2 Mischen Sie den Apfelessig hinzu und mixen Sie alles noch einmal für 20 Sekunden.

3 Das übrig gebliebene Kokosöl in eine Pfanne geben und diese erhitzen. Backen Sie die Pancakes nun auf mittlerer Stufe, bis der Teig aufgebraucht ist. Warm servieren.

# KOKOS-REISPUDDING

4 Port. 40 Min. Leicht

**Zutaten**

400 ml Kokosmilch
200 g Jasminreis
2 EL Ahornsirup
1 EL Vanilleextrakt
½ TL Zimt
½ TL Kardamom
¼ TL Muskatnuss
½ TL Salz
300 ml Mandelmilch
1 Handvoll Beeren nach Wahl
nach Bedarf gehackte Nüsse

**Nährwerte p. P.**

*443 kcal*
*48 g Kohlenhydrate*
*24 g Fett*
*5 g Eiweiß*

1 Kochen Sie zunächst die Kokosmilch in einem mittelgroßen Topf auf. Geben Sie dann den Reis hinzu und kochen Sie ihn für 5 Minuten.

2 Geben Sie einen Deckel auf den Topf und lassen Sie den Reis auf niedriger Hitze 20 Minuten lang köcheln. Rühren Sie Ahornsirup, Gewürze, Salz und Mandelmilch dazu. Gut verrühren und 10 weitere Minuten kochen lassen, den Deckel abnehmen.

3 Nehmen Sie den Topf vom Herd und lassen Sie den Brei 5 Minuten lang ruhen. Den Brei dann nach Belieben mit Nüssen und Beeren garnieren.

**Tipp:** Wer es noch etwas cremiger mag, kann über den Brei am Ende noch etwas Mandelmilch darübergeben.

# ZUCCHINI-FRÜHSTÜCKSMUFFINS

9 Port. 30 Min. Leicht

**Zutaten**

2 Eier
120 ml Olivenöl
100 g Zucker
1 TL Vanilleextrakt
Je 1 Prise Ingwer, Kardamon, Nelken, Muskatnuss und Zimt
1 TL Backpulver
½ TL Salz
150 g Zucchini, gerieben
100 g Pekannüsse, gehackt
180 g Weizenmehl

**Nährwerte p. P.**

*288 kcal*
*25 g Kohlenhydrate*
*17 g Fett*
*3 g Eiweiß*

1 Heizen Sie den Ofen auf 180 °C Umluft vor. Fetten Sie ein Muffinblech ein oder stellen Sie Muffinförmchen bereit.

2 Vermischen Sie Eier, Öl, Zucker und Vanille in einer großen Schüssel. Geben Sie die Gewürze, Backpulver und Salz dazu und vermengen Sie alle Zutaten.

3 Rühren Sie Zucchini und Nüsse dazu. Geben Sie das Mehl darüber und rühren Sie um, bis es eingearbeitet ist.

4 Füllen Sie nun das Muffinblech oder die Muffinförmchen zu ¾ mit Teig. Backen Sie die Muffins 20 bis 25 Minuten, nach der Hälfte der Zeit die Bleche einmal drehen.

# SELBST GEMACHTES GRANOLA

10 Port. 15 Min. Leicht

**Zutaten**

Je 160 g Reisflocken und Hirseflocken
40 g Buchweizenflocken
30 g Quinoa, gepufft
20 g Hanfsamen
30 g Leinsamen
1 Prise Salz
Mark einer Vanilleschote
15 g Chiasamen
Je 20 g Erdnüsse, Haselnüsse und Walnüsse
45 g Kokosöl
65 g Reissirup
35 g Traubenzucker

**Nährwerte p. P.**

*123 kcal*
*7 g Kohlenhydrate*
*6 g Fett*
*2 g Eiweiß*

1 Für dieses nährreiche Granola rösten Sie als Erstes Haselnüsse, Walnüsse und Erdnüsse ohne Fett in einer Pfanne und lassen diese kurz abkühlen.

2 Hacken Sie die Nüsse klein und vermengen Sie sie mit den restlichen trockenen Zutaten. Lassen Sie das Kokosöl schmelzen und geben Sie es samt Reissirup und Traubenzucker zu den trockenen Zutaten. Nun alles vorsichtig miteinander vermengen.

3 Geben Sie die Mischung nun auf ein mit Backpapier ausgelegtes Backblech und breiten Sie es gut aus. Backen Sie es dann bei 150 °C Umluft für etwa 30 Minuten im Backofen oder einfach so lange, bis es leicht braun ist. Abkühlen lassen und in einem Glas lagern.

# BANANENBROT-PORRIDGE

6 Port. 1 Std. Leicht

**Zutaten**

2 überreife Bananen
500 ml Hafer- oder Mandelmilch
60 ml Ahornsirup
1 Ei
3 EL Kokosöl, geschmolzen
2 TL Vanilleextrakt
120 g Haferflocken
50 g Leinsamenmehl
1 TL Backpulver
2 TL Zimt
1 Prise Meersalz
60 g Pekannüsse, gehackt
30 g Kakaonibs

**Nährwerte p. P.**

*290 kcal*
*28 g Kohlenhydrate*
*15 g Fett*
*7 g Eiweiß*

1 Heizen Sie den Ofen auf 180 °C Umluft vor. Legen Sie eine Backform mit der Größe 20 x 20 cm mit Backpapier aus.

2 Zerdrücken Sie in einer großen Schüssel die geschälten Bananen mit einer Gabel, bis ein Brei entstanden ist.

3 Geben Sie zu den Bananen nun die pflanzliche Milch, Ahornsirup, Ei, Kokosöl und Vanilleextrakt. Rühren Sie auch die Haferflocken, das Backpulver, Zimt sowie Salz hinzu und vermischen Sie alles gut miteinander.

4 Heben Sie die Nüsse unter und geben Sie den Teig dann in die vorbereitete Backform, gleichmäßig verteilen.

5 Backen Sie das Bananenbrot nun 35 bis 40 Minuten oder so lange, bis die Hafermischung fest und die Oberseite goldbraun ist. Dann aus dem Ofen nehmen, etwas abkühlen lassen und servieren.

# ASIATISCHE FRÜHSTÜCKS-BOWL

4 Port. | 15 Min. | Leicht

**Zutaten**

1 EL Schweineschmalz
400 g Schweinehackfleisch
1 Möhre
1 Paprika
1 Zucchini
4 Frühlingszwiebeln
1 TL Kurkuma
1 TL Ingwer, gerieben
2 EL Kokosaminos
1 EL Tomatenmark
1 TL Apfelessig

**Nährwerte p. P.**

*307 kcal*
*7 g Kohlenhydrate*
*22 g Fett*
*19 g Eiweiß*

1 Das Gemüse putzen. Die Paprika würfeln, die Möhre in dünne Streifen schneiden, die Zucchini in Spiralen schneiden und die Frühlingszwiebeln in Ringe.

2 Erhitzen Sie einen Wok oder eine Pfanne bei starker Hitze. Sobald die Pfanne heiß ist, geben Sie das Schmalz hinein und lassen es schnell schmelzen. Geben Sie dann das Hackfleisch hinein. Immer wieder rühren, bis das Fleisch durchgegart und jegliche Flüssigkeit aufgenommen ist.

3 Würzen Sie mit Ingwer und Kurkuma und braten Sie das Fleisch eine weitere Minute an.

4 Geben Sie nun nacheinander das Gemüse dazu und braten Sie es jeweils 30 Sekunden lang an, zwischen jeder Zugabe umrühren. Fügen Sie zwischendurch ein wenig Wasser dazu, damit nichts anbrät.

5 Rühren Sie schließlich noch Kokosaminos, Tomatenmark und Essig ein. Abschmecken, vom Herd nehmen und sofort servieren.

# CHIA-PUDDING MIT OBST

1 Port. | 35 Min. | Leicht

**Zutaten**

20 ml Mandelmilch
30 g Chiasamen
100 g Kokos-Joghurt
20 g Johannisbeeren
1 Kiwi
1 Pflaume
2 EL Mandeln

**Nährwerte p. P.**

*389 kcal*
*14 g Kohlenhydrate*
*28 g Fett*
*9 g Eiweiß*

1 Für dieses erfrischende Frühstücks-Rezept vermischen Sie als Erstes Joghurt und Milch und rühren dann die Chiasamen hinein. Lassen Sie die Mischung mindestens 30 Minuten quellen, am besten sogar über Nacht im Kühlschrank.

2 Waschen Sie das Obst. Die Kiwi schälen und in Stücke schneiden, die Pflaume entsteinen und dann achteln. Hacken Sie die Mandeln grob und geben Sie sie samt dem Obst über den Chia-Pudding.

**Tipp:** Auch mit Früchten wie Erdbeeren oder Papaya schmeckt dieses Rezept gut. Im Winter können Sie gefrorenes Obst oder Clementinen nutzen.

# MEXIKANISCHE FRÜHSTÜCKSEIER

4 Port. | 25 Min. | Leicht

**Zutaten**

1 EL Ghee
1 rote Paprika
4 Frühlingszwiebeln
2 TL Kreuzkümmel, gemahlen
1 TL Koriander, gemahlen
1 TL geräuchertes Paprikapulver
240 ml passierte Tomaten
2 EL Tomatenmark
4 Eier
2 EL gehackter Koriander
Salz, Pfeffer

**Nährwerte p. P.**

*167 kcal*
*9 g Kohlenhydrate*
*10 g Fett*
*8 g Eiweiß*

1 Heizen Sie den Ofen auf 180 °C Umluft vor.

2 Erhitzen Sie eine große Pfanne bei mittlerer Hitze und schmelzen Sie das Ghee. Das Gemüse putzen, die Paprika in kleine Stücke schneiden und die Frühlingszwiebeln klein schneiden. Geben Sie das Gemüse in die Pfanne und braten Sie es an, bis es weicher wird.

3 Rühren Sie die Gewürze in die Pfanne und braten Sie alles eine weitere Minute lang an. Geben Sie dann die passierten Tomaten und das Tomatenmark dazu. Umrühren und mit Salz und Pfeffer würzen.

4 Teilen Sie den Pfanneninhalt gleichmäßig auf 4 Souffléförmchen auf. Machen Sie mit einem Löffel in die Mitte jedes Förmchens eine Mulde und brechen Sie ein Ei direkt in diese Mulde. Mit den anderen Förmchen wiederholen.

5 Stellen Sie die Souffléförmchen nun für 15 bis 20 Minuten in den Ofen, bis das Ei nach Ihrem Geschmack durch ist. Aus dem Ofen nehmen und mit gehacktem Koriander bestreuen, dann warm servieren.

# WAFFELN

6 Port. | 30 Min. | Leicht

**Zutaten**

50 g Maisstärke
80 g Butter, Zimmertemperatur
20 g Buchweizenmehl
30 g Reismehl
1 TL Backpulver
1 Prise Meersalz
25 g Rohrzucker
½ TL Vanille
2 Eier
80 ml laktosefreie Milch oder Pflanzenmilch
Puderzucker

**Nährwerte p. P.**

*242 kcal*
*26 g Kohlenhydrate*
*14 g Fett*
*4 g Eiweiß*

1 Die Butter Zimmertemperatur annehmen lassen.

2 Die Mehle mit Backpulver, Salz und Stärke in einer Schüssel vermengen. In einer anderen Schüssel die Butter mit Zucker und Vanille cremig schlagen.

3 Schlagen Sie die Eier auf und rühren Sie sie unter in die Butter-Zucker-Mischung. Abwechselnd die Mehlmischung und die Milch unterrühren. Der Teig sollte homogen und dickflüssig sein. Das Waffeleisen erhitzen.

4 Je nach Waffeleisen 1 bis 2 EL Teig ausbacken, bis er aufgebraucht ist. Mit Puderzucker servieren.

# MÖHREN-PORRIDGE

2 Port. | 15 Min. | Leicht

**Zutaten**

150 g Möhren
150 ml Wasser
250 ml Milch, laktosefrei
100 g Haferflocken
1 EL Sonnenblumenkerne
2 EL Kokosflocken
½ TL Vanillezucker
2 TL Ahornsirup
1 Prise Salz

**Nährwerte p. P.**

*389 kcal*
*48 g Kohlenhydrate*
*15 g Fett*
*13 g Eiweiß*

1 Die Möhren schälen und fein raspeln. Alternativ in Stücke schneiden und im Mixer oder mit einem Stabmixer zerkleinern.

2 Geben Sie die Möhren mit Milch, Wasser, Haferflocken, Salz, Sonnenblumenkernen, Kokosflocken und Vanillezucker in einen Kochtopf und erhitzen Sie alles unter ständigem Rühren bei mittlerer Hitze. Lassen Sie den Brei so lange köcheln, bis die Haferflocken und Möhren gar sind. Das sollte 5 bis 10 Minuten dauern.

3 Süßen Sie das Karotten-Porridge am Ende mit Ahornsirup und servieren Sie es dann.

# Brote

# KNÄCKEBROT OHNE MEHL

24 Port. 50 Min. Leicht

**Zutaten**

100 g Leinsamen
100 ml Wasser
3 EL Sonnenblumenkerne
2 EL helle Sesamsamen
1 EL kalt gepresstes Olivenöl
1 EL Leinsamenmehl
30 g Kichererbsenmehl
½ TL Thymian
1 TL Meersalz
1 TL Ras el Hanout

**Nährwerte p. P.**

*36 kcal*
*1 g Kohlenhydrate*
*3 g Fett*
*2 g Eiweiß*

1 Weichen Sie die Leinsamen in Wasser 20 Minuten lang ein. Geben Sie dann die Sonnenblumenkerne, Sesam, Öl, Leinsamenmehl und Kichererbsenmehl dazu. Geben Sie auch Salz, Thymian und Ras el Hanout dazu und verquirlen Sie alles mit einem Handrührgerät, bis ein fester Teig entstanden ist. Geben Sie bei Bedarf noch etwas mehr Wasser hinzu.

2 Heizen Sie den Ofen auf 130 °C Umluft vor und belegen Sie ein Backblech mit Backpapier. Verstreichen Sie den Teig auf dem Blech und drücken Sie ihn mit angefeuchteten Händen etwas flach.

3 Legen Sie Frischhaltefolie über den Teig und rollen Sie ihn mit einem Nudelholz auf eine Dicke von 2 mm in Form eines Rechtecks aus. Ziehen Sie die Folie ab und schneiden Sie das große Teigrechteck in 24 etwa 5 cm große Rauten. So lassen sich die Stücke später besser auseinanderbrechen.

4 Backen Sie die Knäckebrot-Cracker im Ofen 40 bis 45 Minuten lang, bis sie knusprig sind. Nehmen Sie das Blech heraus und lassen Sie die Cracker abkühlen. Lesen Sie sie dann vom Blech und brechen Sie das Knäckebrot in Stücke.

**Tipp:** Das Knäckebrot hält sich trocken gelagert 3 bis 4 Wochen und kann als Snack oder als Mahlzeit mit Belag genossen werden.

# FLUFFIGES ROSMARIN-BROT

12 Port. 50 Min. Leicht

**Zutaten**

5 Eier
1 TL Backpulver
1 TL Apfelessig
1 TL Salz
5 EL Butter
120 g Joghurt
1 TL Ahornsirup
½ TL Rosmarin
220 g Mandelmehl
50 g Samenmix (z. B. Sonnenblumenkerne, Kürbiskerne)

1 Heizen Sie den Ofen auf 200 °C Umluft vor.

2 Geben Sie alle Zutaten, bis auf den Samenmix, in eine große Schüssel und vermengen Sie alles gut miteinander. Benutzen Sie am besten einen Handmixer, um einen glatten Teig zu erlangen.

3 Heben Sie den Samenmix nun von Hand unter. Legen Sie eine Brotbackform mit Backpapier aus und geben Sie den Teig hinein.

4 Backen Sie das Brot 20 Minuten lang, reduzieren Sie dann die Hitze etwas und backen Sie es weitere 20 Minuten. Abkühlen lassen und genießen.

**Nährwerte p. P.**

*211 kcal*
*4 g Kohlenhydrate*
*19 g Fett*
*7 g Eiweiß*

**Tipp:** Optional können Sie in den Teig noch Oliven mischen, diese passen gut zum Rosmarin-Geschmack.

# BANANEN-KAROTTEN-BROT

12 Port. | 1 Std. 15 Min. | Leicht

**Zutaten**

2 Möhren
2 Bananen
3 EL Kokosnussbutter
3 Eier
3 EL Sonnenblumenbutter
1 TL Vanilleextrakt
80 g Ahornsirup
150 g Mandelmehl
1 TL Backpulver
40 g Kokosnuss, geraspelt

**Nährwerte p. P.**

*253 kcal*
*16 g Kohlenhydrate*
*15 g Fett*
*8 g Eiweiß*

1 Heizen Sie den Ofen auf 180 °C Umluft vor. Putzen Sie die Möhren und schneiden Sie sie dann klein. Geben Sie sie mit Wasser in einen Topf und kochen Sie sie auf mittlerer Stufe so lange, bis Sie leicht eine Gabel hineinstecken können.

2 Lassen Sie die Karotten abtropfen und geben Sie sie zusammen mit den Bananen in einen Mixer. So lange pürieren, bis eine glatte Creme entstanden ist.

3 Geben Sie alle restlichen Zutaten, bis auf die Kokosraspeln, dazu und mixen Sie alles noch einmal gut. Nun die Kokosraspeln dazugeben und noch einmal sehr kurz mixen.

4 Legen Sie eine Brotbackform mit Backpapier aus und geben Sie den Teig hinein. Für 60 bis 70 Minuten backen, bis die Kruste eine goldbraune Farbe angenommen hat und fest ist, wenn man leicht darauf drückt.

# LOW-CARB-ZUCCHINI-BROT

12 Port. | 1 Std. 15 Min. | Leicht

**Zutaten**

280 g Mandelmehl
1 TL Zimt
1 Prise Salz
½ TL Backpulver
4 Eier
2 EL Ahornsirup
½ TL Vanillestevia
220 g Zucchini, gerieben

**Nährwerte p. P.**

*47 kcal*
*5 g Kohlenhydrate*
*2 g Fett*
*8 g Eiweiß*

1 Mixen Sie Mandelmehl, Zimt, Salz und Backpulver in einem Mixer. Geben Sie Eier, Ahornsirup und Stevia dazu und mixen Sie noch einmal kurz.

2 Füllen Sie die Mischung in eine Rührschüssel und heben Sie die geriebene Zucchini von Hand unter.

3 Geben Sie den Teig in eine Kastenform und backen Sie das Brot bei 180 °C Umluft für etwa 1 Stunde. Kurz abkühlen lassen und servieren.

# MANDELMEHL-BRÖTCHEN

8 Port. | 1 Std. 15 Min. | Leicht

**Zutaten**

150 g Mandelmehl
45 g Flohsamenschalen
2 TL Backpulver
3 TL Apfelessig
3 Eier
230 ml Wasser
1 EL Olivenöl
1 Prise Salz
10 g Sesam

**Nährwerte p. P.**

*166 kcal*
*6 g Kohlenhydrate*
*21 g Fett*
*16 g Eiweiß*

1 Mixen Sie Mandelmehl, Flohsamenschalen, Backpulver und Salz in einer Schüssel zusammen.

2 Rühren Sie Olivenöl, Wasser, Eiweiß und Apfelessig unter und vermengen Sie alles mit einem Schneebesen oder einem Handrührgerät. Vermengen Sie den Teig nicht zu lange, er sollte gerade so zusammenhalten.

3 Feuchten Sie Ihre Hände leicht an und teilen Sie den Teig in 6 bis 8 gleich große Stücke. Formen Sie aus diesen Brötchen und verteilen Sie sie auf einem mit Backpapier ausgelegten Backblech.

4 Bestreuen Sie die Brötchen mit Sesam und backen Sie sie etwa 55 Minuten bei 180 °C Umluft.

# SUPERFOOD-BROT

15 Port. | 3 Std. 50 Min. | Leicht

**Zutaten**

80 g Haselnusskerne
35 g Walnusskerne
70 g geschrotete Leinsamen
70 g Mandelmehl
50 g Sonnenblumenkerne
30 g Flohsamenschalen
50 g Hanfsamen
15 g Chiasamen
1 ½ TL Meersalz
2 EL Rapsöl
1 EL Ahornsirup

**Nährwerte p. P.**

*144 kcal*
*3 g Kohlenhydrate*
*12 g Fett*
*5 g Eiweiß*

1 Die Haselnüsse und Walnüsse grob hacken und zusammen mit den anderen trockenen Zutaten in einer Schüssel vermengen. In einer anderen Schüssel Öl, Ahornsirup und 300 ml warmes Wasser verrühren und in die Schüssel mit den Nüssen geben. Alles zu einem Teig vermengen und mindestens 2 Stunden quellen lassen.

2 Geben Sie den Teig in eine mit Backpapier ausgelegte Back- oder Auflaufform und drücken Sie ihn fest an. Alternativ aus dem Teig einen Laib formen und auf ein Backblech geben.

3 Bestreichen Sie den Teig mit etwas Wasser und backen Sie das Brot im Backofen bei 180 °C Umluft für 30 Minuten.

4 Vorsichtig aus der Form lösen und auf einem Backblech noch einmal 20 Minuten lang bei 160 °C Umluft fertig backen.

# Aufstriche, Soßen, Dips

# AVOCADO-LIMETTEN-DRESSING

2 Port. 5 Min. Leicht

**Zutaten**

1 Avocado
3 EL Limettensaft
1 TL Ahornsirup
1 Prise Meersalz
50 ml Wasser

**Nährwerte p. P.**

*32 kcal*
*2 g Kohlenhydrate*
*2 g Fett*
*0 g Eiweiß*

1 Entsteinen Sie die Avocado und geben Sie das Fruchtfleisch zusammen mit den anderen Zutaten in einen Mixer.

2 Mixen Sie so lange, bis eine cremige Substanz entstanden ist. Je nach Präferenz können Sie noch etwas mehr Wasser hinzugeben, um das Dressing flüssiger zu machen.

**Tipp:** Das Dressing passt super zu Salaten und Bowls oder als Dip für Chips.

# BABA GHANOUSH

8 Port. 50 Min. Leicht

**Zutaten**

1 Aubergine, mittelgroß
2 EL Tahini
30 ml Zitronensaft
3 EL Olivenöl
1 TL süßes Paprikapulver
½ TL Kreuzkümmel
Je 1 Prise Cayennepfeffer und Salz

**Nährwerte p. P.**

*31 kcal*
*3 g Kohlenhydrate*
*3 g Fett*
*1 g Eiweiß*

1 Heizen Sie den Ofen auf 200 °C Umluft vor.

2 Belegen Sie ein Backblech mit Backpapier. Die Aubergine wird nun geputzt und getrocknet, dann mit etwas Olivenöl bestrichen. Auf das Backpapier legen und im Ofen für 30 Minuten rösten.

3 Nehmen Sie die Aubergine aus dem Ofen und lassen Sie sie ein wenig abkühlen. Vierteln Sie die Aubergine und geben Sie sie zusammen mit dem Tahini in einen Mixer.

4 Geben Sie nun die restlichen Zutaten dazu und mixen Sie alles, bis die Creme cremig und glatt ist. Nach Belieben nachwürzen und als Dip anbieten.

# BASILIKUM-PESTO

8 Port. | 50 Min. | Leicht

**Zutaten**

70 g geröstete Pinienkerne
1 kleine Zitrone
3 - 4 Handvoll Basilikumblätter
140 ml Olivenöl
Salz, Pfeffer

**Nährwerte p. P.**

*43 kcal*
*43 g Kohlenhydrate*
*3 g Fett*
*1 g Eiweiß*

1 Geben Sie die Pinienkerne, die abgeriebene Schale sowie den Saft der Zitrone in einen Mixer und mixen Sie so lange, bis alles fein zerkleinert ist.

2 Fügen Sie nun die gewaschenen Basilikumblätter hinzu und mixen Sie erneut, bis die gewünschte Konsistenz erreicht ist. Träufeln Sie zusätzlich Olivenöl hinzu und schmecken Sie mit Salz und Pfeffer ab. Sollte es Ihnen zu zitronig sein, fügen Sie noch etwas mehr Olivenöl hinzu.

**Tipp:** Das Basilikum-Pesto passt nicht nur gut zu Nudeln, sondern ist auch ein köstliches Topping für Eier, Lachs, Hühnchen oder als Aufstrich fürs Brot.

# ROTE-BETE-DIP

2 Port. 15 Min. Leicht

**Zutaten**

2 Rote Bete, mittelgroß
1 EL Meerrettich, gerieben
1 EL Sonnenblumenöl
2 EL Sonnenblumenkerne
1 EL Zitronensaft
1 TL Kreuzkümmel
Meersalz, schwarzer Pfeffer

**Nährwerte p. P.**

*153 kcal*
*11 g Kohlenhydrate*
*10 g Fett*
*2 g Eiweiß*

1 Garen Sie die Rote Bete und schneiden Sie sie dann in kleine Stücke.

2 Geben Sie die Stücke nun zusammen mit den anderen Zutaten in einen Mixer und mixen Sie so lange, bis eine glatte Masse entstanden ist.

3 Nun in einer Schale anrichten und je nach Präferenz noch mit gerösteten Sonnenblumenkernen oder Kräutern garnieren.

# KRÄUTER-KÜRBISKERN-PESTO

4 Port. 35 Min. Leicht

**Zutaten**

15 Mandeln
3 g Kürbiskerne
30 g gemischte frische Kräuter (z. B. Petersilie, Dill, Kerbel, Melisse)
½ TL Zitronenabrieb
20 g Parmesan
½ TL Meersalz
60 ml Olivenöl
schwarzer Pfeffer

**Nährwerte p. P.**

*187 kcal*
*1 g Kohlenhydrate*
*18 g Fett*
*3 g Eiweiß*

1 Die frischen Kräuter waschen, trocknen und grob hacken.

2 Die Mandeln mit heißem Wasser übergießen und nach etwa 5 Minuten die Haut der Nüsse abziehen.

3 Geben Sie die Mandeln in eine Pfanne und rösten Sie sie bei mittlerer Hitze ohne Öl an. Nach etwa 2 Minuten die Kürbiskerne dazugeben.

4 Die Nüsse kurz abkühlen lassen, dann gemeinsam mit den restlichen Zutaten in einen Mixer geben und alles pürieren. Gegebenenfalls noch etwas mehr Öl untermixen.

# Salate

# QUINOA-SALAT THAI-STYLE

6 Port. 30 Min. Leicht

**Zutaten**

130 g Quinoa
350 ml Wasser
2 Handvoll roter oder grüner Kohl, fein geschnitten
1 rote Paprika
1 Karotte
1 Bund Frühlingszwiebeln
1 Handvoll Koriander, gehackt
1 Jalapeño
5 EL Erdnusssoße
100 g getrocknete Erdnüsse
2 EL Limettensaft

**Nährwerte p. P.**

*456 kcal*
*45 g Kohlenhydrate*
*25 g Fett*
*11 g Eiweiß*

1 Kochen Sie die Quinoa im Wasser in einem mittelgroßen Kochtopf. Zum Kochen bringen und dann auf niedriger Hitze köcheln lassen. Vom Herd nehmen und 10 Minuten ruhen lassen.

2 Das Gemüse waschen. Die Paprika würfeln, Karotte in dünne Stifte schneiden, die Frühlingszwiebeln und die Jalapeño klein hacken.

3 Geben Sie das Gemüse zur abgekühlten Quinoa in eine große Schüssel. Koriander, Limettensaft und Erdnusssoße dazugeben und gut verrühren, mit Erdnüssen toppen.

# GRANATAPFEL-SELLERIE-SALAT

4 Port. | 15 Min. | Leicht

**Zutaten**

250 g Sellerie
1 Handvoll Petersilie, gehackt
40 g Granatapfelkerne
100 g Mandeln
1 TL Kreuzkümmelsamen
2 EL Olivenöl
1 EL Zitronensaft
Salz, Pfeffer

**Nährwerte p. P.**

*125 kcal*
*5 g Kohlenhydrate*
*8 g Fett*
*3 g Eiweiß*

1 Den Sellerie waschen und in einem Mixer zerkleinern, bis der Sellerie etwa die Größe von Reis hat.

2 Erhitzen Sie eine Pfanne und rösten Sie die Kreuzkümmelsamen darin bei schwacher Hitze, bis sie duften.

3 Verrühren Sie Olivenöl, Zitronensaft, Salz und Pfeffer, schmecken Sie ab. Geben Sie die Samen dazu, gut verrühren.

4 Vermengen Sie Sellerie, Petersilie, Granatapfelkerne und Mandeln in einer Schüssel. Mit dem Dressing vermengen und je nach Wunsch noch einmal würzen.

# FRUCHTSALAT

6 Port. | 10 Min. | Leicht

**Zutaten**

300 g Heidelbeeren
120 g Himbeeren
150 g Weintrauben
160 g Cantaloupe-Melone
60 ml Limettensaft
85 g Ahornsirup
15 g Koriander, fein gehackt

**Nährwerte p. P.**

*100 kcal*
*25 g Kohlenhydrate*
*0 g Fett*
*0 g Eiweiß*

1 Waschen Sie die Früchte. In mundgerechte Stücke schneiden und in einer großen Schüssel vermischen.

2 In einer kleinen Schüssel Limettensaft und Ahornsirup vermischen, dann noch den Koriander unterrühren. Das Dressing über den Salat geben und servieren.

**Tipp:** Wenn Sie Koriander nicht mögen, können Sie auch Minze verwenden.

# BOHNEN-KARTOFFEL-SALAT

6 Port. | 50 Min. | Leicht

**Zutaten**

6 Kartoffeln, geputzt
220 g Bohnen
2 EL Senf
2 EL Schnittlauch, gehackt
2 EL Estragon
Abrieb von einer Zitrone
½ Schalotte
2 EL Olivenöl
1 EL Rotweinessig
Salz, Pfeffer

**Nährwerte p. P.**

*367 kcal*
*55 g Kohlenhydrate*
*9 g Fett*
*7 g Eiweiß*

1 Geben Sie die geputzten Kartoffeln mit Wasser in einen Topf und kochen Sie sie für 35 bis 45 Minuten. Bei den Bohnen die Enden abschneiden und in 5 cm lange Stücke schneiden, danach dämpfen, bis sie zart sind. Dann in einem Eisbad abkühlen lassen.

2 Die Kartoffeln aus dem Wasser holen, etwas abkühlen lassen und in mundgerechte Stücke schneiden.

3 Vermengen Sie Senf, Kräuter, Zitronenschale, gehackte Schalotte und Essig sowie Öl in einer Schüssel. Nach Geschmack würzen, die Kartoffeln und Bohnen mit dem Dressing vorsichtig vermengen und servieren.

# ASIA-ZUCCHINI-SALAT

6 Port. | 50 Min. | Leicht

**Zutaten**

3 Zucchini
2 Möhren
1 rote Paprika
400 g Kirschtomaten
1 Handvoll grüne Bohnen

**Erdnusssoße:**
150 ml Kokosmilch
120 g Erdnussbutter
2 EL natriumarme Sojasoße
1 EL Reisessig
Saft von einer Limette
½ TL Ingwer
½ TL weißer Pfeffer
1 TL Zitronengras
Chiliflocken nach Geschmack
Agavendicksaft nach Geschmack
Salz

**Nährwerte p. P.**

*128 kcal*
*28 g Kohlenhydrate*
*3 g Fett*
*4 g Eiweiß*

1 Waschen Sie das Gemüse. Verarbeiten Sie die Zucchini mit einem Spiralschneider zu Nudeln. Verarbeiten Sie auch die Möhren zu Nudeln oder schneiden Sie sie in dünne Streifen. Schneiden Sie die Paprika in Scheiben und vierteln Sie die Tomaten. Die Bohnen dämpfen und in mundgerechte Stücke schneiden.

2 Geben Sie alle Zutaten für die Erdnusssoße in einen Mixer und pürieren Sie sie glatt. Schmecken Sie die Soße mit Agavendicksaft, Limettensaft, Salz und Chiliflocken ab.

3 Geben Sie das geschnittene Gemüse in eine große Schüssel und geben Sie die Erdnusssoße darüber. So lange vermischen, bis das Gemüse leicht überzogen ist. Noch einmal abschmecken und servieren.

# PAPAYA-HÜHNCHEN-SALAT

2 Port. 20 Min. Leicht

**Zutaten**

2 Hühnerbrüste
1 Papaya
5 Baby-Rote-Paprika
1 EL Kokosöl
2 EL Ahornsirup
80 ml heißes Wasser
4 Handvoll Rucola
2 TL gehackte Kokosnussflocken
2 TL geröstete gehackte Macadamianüsse
Salz, Pfeffer

**Nährwerte p. P.**

*411 kcal*
*40 g Kohlenhydrate*
*14 g Fett*
*67 g Eiweiß*

1 Putzen Sie die Paprika. Schneiden Sie diese dann längs der Mitte nach durch, entfernen Sie die Kerne und schneiden Sie die Paprika in dünne Streifen.

2 Braten Sie die Paprikastreifen in einer Pfanne bei mittlerer Hitze in Kokosöl an. Schälen und entkernen Sie in der Zwischenzeit die Papaya, würfeln Sie die Frucht dann.

3 Geben Sie die Papayastücke und etwas Salz in die Pfanne. Braten Sie die Zutaten an und rühren Sie regelmäßig um. Lösen Sie Ahornsirup in heißem Wasser auf und geben Sie die Mischung nach 5 Minuten in die Pfanne.

4 Schneiden Sie das Hühnchenfleisch klein und geben Sie es ebenfalls in die Pfanne. Unter Schwenken anbraten, bis das Hühnchen durch ist.

5 Schalten Sie die Hitze aus und geben Sie den Rucola in die Pfanne. Mit den heißen Zutaten mixen, bis der Rucola welk ist.

6 Verteilen Sie den Pfanneninhalt auf Tellern und garnieren Sie den Salat mit einer Prise Kokosflocken oder Nüssen.

# WARMER GRÜNKOHLSALAT

4 Port. | 1 Std. 10 Min. | Leicht

**Zutaten**

5 große Grünkohlblätter
300 g Kürbis
2 EL Kürbiskerne
1 rote Paprika
250 g Kirschtomaten
2 EL Pinienkerne
3 EL Olivenöl
1 EL Weißweinessig
2 TL Senf
Salz, Pfeffer

**Nährwerte p. P.**

*267 kcal*
*18 g Kohlenhydrate*
*23 g Fett*
*7 g Eiweiß*

1 Heizen Sie den Ofen auf 180 °C Umluft vor. Schneiden Sie den Kürbis in kleine Stücke und geben Sie diese mit den Kürbiskernen in eine Schüssel. 1 EL Olivenöl darübergeben und kräftig mit Salz und Pfeffer würzen.

2 Geben Sie die Kürbisstücke auf ein mit Backpapier ausgekleidetes Backblech. Für 45 bis 60 Minuten in den Ofen geben, bis die Stücke gar und goldbraun sind und die Kerne ganz geröstet sind.

3 Geben Sie parallel auf ein anderes Backblech die Paprika und rösten Sie sie im Ofen, bis die Haut schwarz und das Fruchtfleisch sehr weich ist, das sollte etwa 45 bis 60 Minuten dauern.

4 In der Zwischenzeit die Kirschtomaten putzen und halbieren. In eine Schüssel geben und ein wenig Olivenöl darüberträufeln. Mit Salz und Pfeffer würzen. Dann auch in den Backofen geben und 30 Minuten rösten.

5 Geben Sie die gewaschenen und zerrissenen Grünkohlblätter in eine große Schüssel. Mit Olivenöl bedecken und die Blätter 5 Minuten lang massieren, damit sie zart werden. In einer kleinen Schüssel Essig, Senf, Salz und Pfeffer mischen und unter die Blätter rühren.

6 Nehmen Sie Kürbis, Paprika und Tomaten aus dem Ofen und lassen Sie das Gemüse etwas abkühlen. Die verkohlte Haut der Paprika sowie Samen und Stiel entfernen und das Fruchtfleisch in Streifen schneiden.

7 Mischen Sie das geröstete Gemüse unter den Salat. Mit den Kürbiskernen und Pinienkernen bestreuen und sofort servieren.

# AUBERGINENSALAT

2 Port. | 45 Min. | Leicht

**Zutaten**

2 Auberginen
200 g Kirschtomaten
240 g Kichererbsen,
1 Dose
2 EL Olivenöl
1 Zwiebel
1 Knoblauchzehe
1 EL Sesam
1 Bund Petersilie
2 EL Zitronensaft
1 TL Honig
1 TL Senf
Salz, Pfeffer

**Nährwerte p. P.**

*267 kcal*
*18 g Kohlenhydrate*
*23 g Fett*
*7 g Eiweiß*

1 Heizen Sie den Ofen auf 200 °C Ober- und Unterhitze vor. Die Auberginen putzen und in 2 cm große Würfel schneiden. Die Kichererbsen in einem Sieb abtropfen lassen.

2 Geben Sie die Auberginenstücke und die Kichererbsen in eine Schüssel. Vermischen Sie sie mit 1 EL Olivenöl und würzen Sie sie mit Salz und Pfeffer.

3 Verteilen Sie die Mischung nun auf einem mit Backpapier ausgelegten Backblech und backen Sie sie 30 Minuten lang. Wenden Sie die Zutaten zwischendurch.

4 Putzen Sie in der Zwischenzeit die Tomaten und halbieren Sie sie. Die Zwiebel schälen und fein würfeln, den Knoblauch schälen und fein hacken. Dann den Sesam in einer Pfanne ohne Öl rösten. Die Petersilie waschen, trocknen und fein hacken.

5 Verquirlen Sie das restliche Olivenöl mit Zitronensaft, Senf und Honig und schmecken Sie mit Salz und Pfeffer ab. Geben Sie die gebackenen Auberginenstücke und die Kichererbsen in eine Schüssel. Fügen Sie Zwiebel und Knoblauch hinzu und rühren Sie das Dressing unter. Alles gut vermengen und 10 Minuten ziehen lassen.

6 Geben Sie dem Salat kurz vor dem Servieren die Tomaten sowie die Petersilie und den Sesam dazu, vorsichtig unterheben. Servieren Sie den Auberginensalat als Vorspeise oder mit ein paar Baguettescheiben.

# ORANGEN-WALNUSS-SALAT

2 Port. | 10 Min. | Leicht

**Zutaten**

Zutaten:
200 g Radieschen
200 g Endivien
2 Orangen
50 g Walnüsse
3 EL Avocadoöl
1 EL Essig
1 TL Senf
1 TL Meerrettichpaste
1 TL Zuckerrübensirup
1 TL Salz

**Nährwerte p. P.**

*371 kcal*
*20 g Kohlenhydrate*
*28 g Fett*
*8 g Eiweiß*

1 Waschen Sie den Salat und lassen Sie ihn abtropfen. Die Blätter dann zerkleinern und in eine große Salatschüssel geben.

2 Schälen Sie die Orangen. Dann filetieren und mit den grob gehackten Walnüssen in die Schüssel geben.

3 Verrühren Sie Zuckerrübensirup, Meerrettich, Senf, Salz, Essig und Öl in einer Schüssel zu einem Dressing. Über den Salat geben, vermischen und servieren.

# Hauptgerichte mit Fleisch & Geflügel

# KEINE-BOHNEN-CHILI

4 Port. 2 Std. Mittel

### Zutaten

450 g Rindfleisch, gewürfelt
1 Bund Frühlingszwiebeln
1 rote Paprika
2 Möhren
400 g passierte Tomaten
4 TL Chili-Gewürzmischung
1 TL Meersalz

**Zum Servieren (optional):**
frisch gehackter Koriander
laktosefreier oder veganer Joghurt

### Nährwerte p. P.

*365 kcal*
*23 g Kohlenhydrate*
*17 g Fett*
*24 g Eiweiß*

1 Waschen Sie das Gemüse. Schneiden Sie die Frühlingszwiebeln in Ringe und würfeln Sie Paprika und Möhren.

2 Geben Sie das Gemüse in einen großen Topf und dünsten Sie es 5 Minuten bei mittlerer bis hoher Hitze an. Geben Sie dann die Tomaten und die Gewürze dazu.

3 Fügen Sie nach 10 Minuten auch das Fleisch hinzu. Köcheln Sie die Zutaten auf niedriger Stufe so lange, bis das Fleisch zart ist.

4 Servieren Sie das Chili und garnieren Sie es je nach Geschmack mit Koriander oder Joghurt.

# HÜHNCHEN-SALBEI-RISOTTO

5 Port. | 35 Min. | Leicht

**Zutaten**

2 EL Olivenöl
3 EL frischer Salbei, gehackt
120 g Babyspinat
1 Bund Frühlingszwiebeln, in Ringe geschnitten
2 Möhren
3 EL Parmesan
1 ½ EL Butter
120 ml Weißwein, trocken
300 g Arborio-Reis
950 ml Hühnerbrühe
130 g weiße Champignons
400 g Hühnerbrust
Salz, Pfeffer

**Nährwerte p. P.**

*458 kcal*
*64 g Kohlenhydrate*
*15 g Fett*
*15 g Eiweiß*

1 Erhitzen Sie in einem großen Topf bei mittlerer Hitze Olivenöl. Hacken Sie in der Zwischenzeit die Möhren in Stücke und geben Sie diese mit dem Salbei in den Topf. Alles für 5 bis 10 Minuten erhitzen lassen, bis die Möhren mit einer Gabel durchstochen werden können, aber nicht matschig sind.

2 Schneiden Sie die Hühnerbrust in Streifen. Dann in den Topf geben und goldbraun anbraten.

3 Schneiden Sie die Pilze in Scheiben. Geben Sie die Pilze sowie die geschnittenen Frühlingszwiebeln in den Topf, gut umrühren.

4 Geben Sie nun den Reis zur Mischung hinzu und rösten Sie ihn leicht an, bis er an den Rändern transparenter wird.

5 Fügen Sie nun den Wein und die Hälfte der Hühnerbrühe hinzu und bringen Sie die Zutaten zum Kochen.

6 Fügen Sie schluckweise die restliche Hühnerbrühe hinzu, sobald der Reis die meiste Flüssigkeit aufgesogen hat. Dann Spinat und Parmesan dazugeben und rühren, mit Salz und Pfeffer würzen. Sobald der Spinat verwelkt ist und der Reis die Brühe ganz aufgenommen hat, kann serviert werden.

**Tipp:** Optional kann gegen Ende noch etwas Butter hinzugegeben werden, um das Risotto noch cremiger zu machen.

# HÄHNCHEN IN HONIG-SENF-SOẞE

3 Port. 30 Min. Leicht

**Zutaten**

3 EL Avocadoöl
100 g Mandelmehl
1 TL getrocknete italienische Kräuter
½ TL Salz
1 Ei
450 g Hähnchenbrust oder Hähnchenschenkel

**Für die Soße:**
2 EL Honig
1 EL Senf

**Nährwerte p. P.**

*267 kcal*
*16 g Kohlenhydrate*
*13 g Fett*
*16 g Eiweiß*

1 Vermengen Sie Honig und Senf, um die Soße zu mischen. Wenn Sie es ein wenig süßer mögen, fügen Sie mehr Honig hinzu.

2 Schlagen Sie ein Ei in einer tieferen Schüssel auf. Geben Sie Mandelmehl, Kräuter und Salz gemischt in eine weitere Schüssel.

3 Schneiden Sie das Hähnchenfleisch in Streifen. Erhitzen Sie etwas Avocadoöl in einer Bratpfanne.

4 Tauchen Sie ein Stück Hähnchen in die Eimischung und beschichten Sie es von beiden Seiten. Tauchen Sie es dann in die Mandelmehlmischung und bedecken Sie es wieder von allen Seiten. Mit allen Fleischstücken wiederholen.

5 Geben Sie das Fleisch nun in die Pfanne und braten Sie es 5 bis 7 Minuten lang, bis es durchgegart, goldbraun und knusprig ist.

6 Servieren Sie das Fleisch auf Tellern und übergießen Sie es mit der Honig-Senf-Soße.

# KOKOS-BASILIKUM-PFANNE

6 Port. | 50 Min. | Leicht

**Zutaten**

**Für die Basilikum-Kokosmilchsoße:**
2 Handvoll Basilikum, frisch
400 ml Kokosmilch
2 EL Ingwer, gehackt
2 EL Zitronengraspaste
2 EL Limettensaft
1 TL Meersalz

**Für die Hackfleisch-Pfanne:**
400 g Reis
2 EL Avocadoöl
500 g Rinderhackfleisch
3 Möhren
400 ml Rinder- oder Hühnerbrühe
1 Brokkoli-Kopf, in Röschen geschnitten
½ rote Paprika

**Nährwerte p. P.**

*178 kcal*
*10 g Kohlenhydrate*
*7 g Fett*
*8 g Eiweiß*

1 Lassen Sie den Reis vor dem Kochen etwa ½ bis 1 Stunde in Wasser einweichen. Abtropfen lassen und beiseitestellen.

2 Geben Sie alle Zutaten für die Soße in einen Mixer und mixen Sie so lange, bis alles gut vermengt ist. Zur Seite stellen.

3 Avocadoöl in einer großen, tiefen Pfanne auf mittlerer Hitze erwärmen. Dann das Rinderhackfleisch hineingeben und 2 Minuten anbraten. Wenden Sie das Fleisch und braten Sie es noch einmal 2 Minuten an. Das Hackfleisch mit einem Pfannenwender in kleinere Stücke verteilen.

4 Würfeln Sie die Möhren und geben Sie sie mit Reis, Brühe und Kokos-Basilikum-Soße in die Pfanne. Die Pfanne nun abdecken und die Zutaten zum Kochen bringen. Nach 10 Minuten die Hitze reduzieren, den Deckel wieder auf die Pfanne geben und noch einmal 10 Minuten köcheln lassen.

5 Nehmen Sie den Deckel wieder ab und fügen Sie den geschnittenen Brokkoli und die zuvor gewürfelte Paprika dazu. Alles gut verrühren und weitere 10 Minuten köcheln lassen, bis die meiste Flüssigkeit absorbiert ist.

# GEBRATENES HÄHNCHEN MIT GEDÄMPFTEM GEMÜSE

4 Port. 30 Min. Leicht

**Zutaten**

4 Hähnchenbrustfilets
2 EL Olivenöl
2 Knoblauchzehen
1 TL Rosmarin
1 TL Thymian
Salz, Pfeffer

**Für das Gemüse:**
2 Zucchini
2 Möhren
1 rote Paprika
1 EL Olivenöl
Saft von einer Zitrone
Salz, Pfeffer

**Nährwerte p. P.**

*513 kcal*
*27 g Kohlenhydrate*
*27 g Fett*
*63 g Eiweiß*

1 Das Olivenöl in einer großen Pfanne bei mittlerer Hitze erwärmen. Den Knoblauch schälen und hacken, im Öl für 1 Minute anbraten, bis er duftet.

2 Legen Sie die Hähnchenbrustfilets in die Pfanne und braten Sie sie von beiden Seiten jeweils 5 bis 7 Minuten an, bis sie durchgegart sind und eine goldene Kruste haben. Mit Salz, Pfeffer, Rosmarin und Thymian würzen.

3 In der Zwischenzeit das Gemüse putzen. Die Zucchini und die Möhren in Scheiben schneiden, die Paprika in Streifen. Olivenöl in einem Dampfgarer oder einem großen Topf mit Dampfeinsatz erhitzen. Das Gemüse hineingeben und 5 bis 7 Minuten lang dämpfen, bis es zart ist, aber noch Biss hat.

4 Das Gemüse aus dem Dampfgarer nehmen und in eine Schüssel geben. Mit Zitronensaft beträufeln und mit Salz und Pfeffer würzen.

5 Das gebratene Hähnchen mit dem Gemüse als Beilage servieren.

# HÄHNCHEN-PAELLA

4 Port. | 1 Std. | Mittel

**Zutaten**

1 Lauch
2 Möhren
1 rote Paprika
140 g Erbsen
1 Knoblauchzehe
250 g Arborio-Reis
240 g Tomaten, gewürfelt
360 ml Hühnerbrühe
120 ml Weißwein, trocken
2 EL Zitronensaft
1 EL geräuchertes Paprikapulver
1 EL Kurkuma
½ TL rote Pfefferflocken
2 EL Petersilie, gehackt
900 g Hähnchenkeulen
Meersalz
Olivenöl

**Nährwerte p. P.**

*671 kcal*
*95 g Kohlenhydrate*
*26 g Fett*
*38 g Eiweiß*

1 Heizen Sie den Ofen auf 180 °C Umluft vor. Stellen Sie eine ofenfeste Pfanne oder eine Auflaufform in den Ofen, während Sie die Zutaten vorbereiten.

2 Putzen Sie das Gemüse. Schneiden Sie Lauch, Möhren, Paprika und Knoblauch klein. Geben Sie das Gemüse zusammen mit Reis, Erbsen, Hühnerbrühe, Weißwein, Zitronensaft, Paprikapulver, Kurkuma, Pfeffer, Salz, 2 EL Olivenöl und die Hälfte der Petersilie in eine Schüssel und vermischen Sie alles vorsichtig.

3 Geben Sie die Mischung in die Pfanne oder Auflaufform und verteilen Sie sie gleichmäßig. Legen Sie die Hähnchenschenkel in die Reismischung, bis sie teilweise bedeckt sind. Das Hähnchen noch einmal mit Salz würzen und mit Olivenöl beträufeln.

4 Stellen Sie die Pfanne oder Auflaufform in den Ofen und backen Sie die Paella für 45 Minuten, bis das Hähnchen gebräunt, der Reis zart und die meiste Flüssigkeit absorbiert ist. Aus dem Ofen nehmen und 5 Minuten ruhen lassen, dann mit Petersilie garnieren und servieren.

# FLEISCHSALAT-WRAPS

3 Port. 20 Min. Leicht

**Zutaten**

1 Handvoll grüne Bohnen
10 - 15 große Salatblätter zum Servieren
800 g Schweinehackfleisch
2 EL Ingwer, gehackt
100 g Sellerie
1 Möhre
½ rote Paprika
Saft von einer Limette
1 TL Sesamöl
3 TL Fischsoße
2 Frühlingszwiebeln
Öl
gehackte Erdnüsse zum Garnieren

**Nährwerte p. P.**

*632 kcal*
*5 g Kohlenhydrate*
*54 g Fett*
*4 g Eiweiß*

1 Putzen Sie das Gemüse und schneiden Sie es in kleine Stücke, bis auf die Bohnen. Blanchieren Sie die Bohnen in kochendem Wasser für 3 Minuten, dann herausnehmen und in ein Eisbad legen. Erst dann in Stücke hacken.

2 Entfernen Sie die Salatblätter vom Strunk und lassen Sie sie nach dem Waschen trocknen.

3 Erhitzen Sie eine Pfanne mit etwas Öl bei mittlerer bis hoher Hitze und geben Sie das Schweinefleisch hinein. Das Fleisch in kleine Stücke zerbrechen und so lange braten, bis es durchgegart ist.

4 Schieben Sie das Fleisch in der Pfanne an den Rand und geben Sie in die Mitte Ingwer, Sellerie, Karotten und Sesamöl. Alles anbraten, bis das Gemüse langsam weich wird.

5 Geben Sie nun die Bohnen und die Paprika dazu. Vermengen und Limettensaft und Fischsoße hineingeben, zum Schluss auch noch die Frühlingszwiebeln.

6 Legen Sie die Salatblätter auf einen Teller und füllen Sie jedes mit einer großzügigen Portion der Fleisch-Gemüsemischung. Wenn gewünscht, mit gehackten Erdnüssen garnieren und genießen.

**Tipp:** Sie können dieses Gericht ganz einfach vegan genießen, indem Sie Hackfleisch mit Jackfruit ersetzen.

# SWISS-STEAK

4 Port. | 1 Std. 20 Min. | Mittel

**Zutaten**

900 g Rindfleisch
60 g Kokosmehl
½ TL Thymian
½ TL Salz
½ TL Zimt
1 Prise Pfeffer
90 g Selleriewurzel
½ rote Paprika
60 ml Olivenöl
6 Tomaten
2 Frühlingszwiebeln
80 ml Rotwein
160 ml Rinderbrühe

**Nährwerte p. P.**

*779 kcal*
*41 g Kohlenhydrate*
*55 g Fett*
*43 g Eiweiß*

1 Das Gemüse putzen. Paprika und Sellerie würfeln, die Tomaten und Frühlingszwiebeln klein schneiden.

2 Erhitzen Sie eine Pfanne bei mittlerer Hitze. Geben Sie Sellerie und Paprika hinein und braten Sie das Gemüse an, bis es weich ist.

3 Schneiden Sie das Fleisch in kleine Stücke. Vermengen Sie Kokosmehl, Thymian, Salz, Zimt und Pfeffer in einer Schüssel und panieren Sie das Fleisch darin.

4 Geben Sie das Fleisch auf eine bemehlte Fläche und klopfen Sie es leicht mit einem Fleischklopfer platt, sodass kleine Steaks entstehen.

5 Nehmen Sie das Gemüse aus der Pfanne und stellen Sie es zur Seite. Geben Sie in die Pfanne nun etwas Olivenöl und geben Sie die Rindfleischstücke hinein. Von beiden Seiten anbraten. Da Kokosmehl schnell anbräunt, achten Sie darauf, die Hitze anzupassen und gegebenenfalls mehr Olivenöl hinzuzufügen.

6 Geben Sie nach ein paar Minuten die Tomaten in die Pfanne und würzen Sie mit Salz. Unter vorsichtigem Rühren 3 Minuten lang anbraten.

7 Geben Sie die Frühlingszwiebeln in die Pfanne, das gekochte Gemüse und den Rotwein. Alles gut umrühren.

8 Fügen Sie Rinderbrühe dazu und reduzieren Sie die Hitze. Geben Sie einen Deckel auf die Pfanne und lassen Sie die Zutaten 1 Stunde lang köcheln, bis das Fleisch zart und schmackhaft ist. Gegebenenfalls mehr Brühe oder Wasser hinzufügen.

# SCHASCHLIKSPIEßE

2 Port. 40 Min. Mittel

**Zutaten**

2 Hühnerbrüste
1 Aubergine
1 Zucchini
1 rote Paprika

**Für die Marinade:**
3 EL Tomatenmark
½ TL Kreuzkümmel
½ TL Koriander
½ TL Oregano
1 Prise Zimt
2 TL Apfelessig
1 TL Kokosaminos
½ TL Dijon-Senf
1 TL Honig

**Nährwerte p. P.**

*377 kcal*
*45 g Kohlenhydrate*
*9 g Fett*
*3 g Eiweiß*

1 Geben Sie alle Zutaten für die Marinade in eine große Schüssel und vermengen Sie sie gut. Schneiden Sie die Hühnerbrüste in 3 bis 4 cm große Stücke und geben Sie sie in die Marinade. Darin nun gut umrühren, bis alle Stücke gleichmäßig überzogen sind. 20 Minuten marinieren lassen.

2 Putzen Sie das Gemüse und schneiden Sie es in etwa 2 cm große Stücke. Heizen Sie den Grill auf mittlere Temperatur vor.

3 Fädeln Sie das Hähnchen und das Gemüse auf Holzspieße. Beginnen Sie mit einem Stück Zucchini, dann Hühnchen, dann Aubergine, wieder Hühnchen, Paprika, Hühnchen und so weiter. Pinseln Sie je nach Präferenz noch etwas übrig gebliebene Marinade auf das Gemüse.

4 Legen Sie die Spieße nun auf den Grill. Beim Grillen alle 3 Minuten drehen, bis das Hähnchen durchgegart ist.

**Tipp:** Anstatt Hähnchen können Sie auch Tofu oder Seitan nutzen.

# HIRSE-HACK-EINTOPF

2 Port. 40 Min. Mittel

**Zutaten**

200 g Möhren
1 Zwiebel
200 g Staudensellerie
1 EL Rapsöl
1 EL Tomatenmark
150 g Rinderhack
150 g Hirse
500 ml Wasser
50 g Schmand
1 TL Paprikapulver
Salz, Pfeffer

**Nährwerte p. P.**

*589 kcal*
*73 g Kohlenhydrate*
*24 g Fett*
*26 g Eiweiß*

1 Die Zwiebel schälen und klein hacken. Sellerie und Möhren waschen, die Möhren in kleine Würfel und den Sellerie in dünne Scheiben schneiden.

2 Erhitzen Sie Öl in einem Topf und braten Sie das Hackfleisch sowie die Zwiebeln darin an, bis das Hackfleisch krümelig wird.

3 Geben Sie das Gemüse und das Tomatenmark dazu. Weiter anbraten, bis das Fleisch braun wird. Die Hirse hineinmischen und Wasser dazugießen.

4 Lassen Sie den Eintopf 25 Minuten köcheln. Schmecken Sie mit Salz und Pfeffer ab. Vermengen Sie den Schmand mit dem Paprikapulver und garnieren Sie damit den servierten Hirse-Hack-Eintopf.

# TERIYAKI-PFANNE

3 Port. 30 Min. Leicht

**Zutaten**

1.300 g Rinderhackfleisch
½ rote Paprika
1 Möhre
1 Zucchini
1 Brokkoli-Kopf
60 ml Paleo Teriyaki-Soße
1 Prise Meersalz

**Nährwerte p. P.**

*356 kcal*
*13 g Kohlenhydrate*
*9 g Fett*
*14 g Eiweiß*

1 Putzen Sie das Gemüse. Die Paprika in lange Stifte schneiden, die Möhre und die Zucchini sowie den Brokkoli klein hacken.

2 Erhitzen Sie eine große Pfanne bei mittlerer Hitze und geben Sie das Hackfleisch in die Mitte. Braten Sie es für 2 bis 3 Minuten an, ohne es zu zerkleinern. Wenden Sie es dann auf die andere Seite und braten Sie es noch einmal für 2 bis 3 Minuten.

3 Zerbrechen Sie das Fleisch nun mit einem Pfannenwender in kleinere Stücke. Geben Sie die geschnittene Paprika und die Möhrenstücke dazu und rühren Sie gut um. Nun einen Deckel auf die Pfanne geben und für 3 bis 5 Minuten kochen.

4 Geben Sie schließlich noch Zucchini und Brokkoli in die Pfanne, umrühren und den Deckel auf die Pfanne geben. Noch einmal ein paar Minuten kochen, bis das Gemüse die gewünschte Garstufe hat.

5 Rühren Sie nun die Teriyaki-Soße unter und erhitzen Sie die Zutaten noch einmal, bis die Soße eingedickt ist. Noch einmal mit Salz abschmecken und genießen!

# INDISCHES SCHMORHUHN

4 Port. 2 Std. Mittel

**Zutaten**

400 g Tomaten
300 g Hühnerfleisch
3 Möhren
1 Zucchini
250 g Joghurt, laktosefrei
200 ml Kokosmilch
1 EL Ingwer, gehackt
2 EL gemahlene Mandeln
2 EL Kokosraspeln
Ghee zum Braten

**Gewürze:**
Je 1 TL Muskat, Zimt, Kurkuma, Kreuzkümmel und Koriander

**Für die Marinade:**
1 EL dunkle Sojasoße
3 EL Weißwein
½ TL Kartoffelmehl (Stärke)
½ TL Salz

**Nährwerte p. P.**

*382 kcal*
*21 g Kohlenhydrate*
*23 g Fett*
*22 g Eiweiß*

1 Bereiten Sie als Erstes die Marinade zu. Wein und Sojasoße vermischen, dann Kartoffelmehl einrühren und Salz dazugeben.

2 Schneiden Sie das Fleisch in mundgerechte Stücke und lassen Sie es in der Marinade 1 Stunde im Kühlschrank ziehen.

3 Den Ingwer fein hacken. Tomaten, Zucchini und Möhren putzen und in kleine Stücke schneiden.

4 Fett in einer größeren Pfanne erhitzen und den Ingwer darin anbraten. Die Gewürze dazugeben und nach 2 Minuten das Gemüse dazugeben und gut rühren.

5 Rühren Sie Joghurt und Kokosmilch ein und geben Sie dann die Mandeln und Kokosraspeln dazu. Für 45 Minuten mit geschlossenem Deckel bei niedriger Hitze köcheln lassen. Ab und zu umrühren.

6 Währenddessen das marinierte Fleisch in Öl in einer Pfanne von allen Seiten scharf anbraten. Dann in die Soße geben und weiterköcheln lassen, mit Salz abschmecken. Ist zu viel Flüssigkeit verdunstet, kann noch Gemüsebrühe oder Kokosmilch dazugegeben werden.

**Tipp:** Sie können das Fleisch auch schon einen Tag vorher zum Marinieren in den Kühlschrank geben. Als Beilage bietet sich Reis oder Hirse an.

# Hauptgerichte mit Fisch & Meeresfrüchten

# FISCHERSMANN-EINTOPF

3 Port. 30 Min. Leicht

**Zutaten**

450 g Kabeljaufilet
400 ml Kokosmilch
400 g gehackte Tomaten
1 EL Currypulver
Saft von einer halben Limette
Salz, Pfeffer
Koriander zum Garnieren

**Nährwerte p. P.**

*219 kcal*
*4 g Kohlenhydrate*
*6 g Fett*
*5 g Eiweiß*

1 Erwärmen Sie Kokosmilch und Tomaten zusammen in einem großen Topf bei mittlerer Hitze. Rühren Sie das Currypulver ein und lassen Sie alles 10 Minuten köcheln.

2 Schneiden Sie den Kabeljau in mundgerechte Stücke. Geben Sie diese dann in den Topf und bringen Sie die Zutaten zum Kochen. Drehen Sie die Hitze nach 3 Minuten wieder runter und lassen Sie alles weitere 5 bis 10 Minuten leicht köcheln. Der Fisch sollte nicht zu lange gekocht werden.

3 Geben Sie den Saft einer halben Limette sowie Salz und Pfeffer in den Eintopf, gut umrühren.

4 Servieren Sie den Eintopf und garnieren Sie je nach Belieben mit gehacktem Koriander.

**Tipp:** Der Eintopf schmeckt gut über Reis.

# POKÉ BOWL MIT KAROTTENREIS

2 Port. 20 Min. Leicht

**Zutaten**

400 g Möhren
200 g Gurke
80 g rote Paprika
½ Avocado
1 Blatt Nori-Algen
2 Stangen Frühlingszwiebeln
200 g geräucherter Lachs

**Für die Soße:**
1 EL Mayonnaise
1 TL griechischer Joghurt, laktosefrei
1 TL Zitronensaft
½ TL geriebener Ingwer
Salz, Chilipulver

**Nährwerte p. P.**

*238 kcal*
*14 g Kohlenhydrate*
*24 g Fett*
*24 g Eiweiß*

1 Schälen Sie die Möhren und zerkleinern Sie sie in einem Mixer, bis sie feine Krümel sind. Verteilen Sie den Karottenreis auf zwei Schüsseln.

2 Waschen Sie das restliche Gemüse und schneiden Sie Gurke und Paprika in kleine Stücke. Schneiden Sie die Avocado in Würfel und das Nori-Blatt in kleine Stücke. Schneiden Sie die Frühlingszwiebeln in Ringe.

3 Schneiden Sie auch den Lachs in mundgerechte Stücke. Vermischen Sie dann alle Zutaten für die Soße in einer Schüssel, gut verrühren.

4 Verteilen Sie nun den Lachs, das Gemüse und die Noristücke um den Karottenreis herum in der Schüssel. Die Soße darübergeben und servieren.

# THUNFISCH-BROKKOLI-SALAT

2 Port. 20 Min. Leicht

**Zutaten**

1 Möhre
200 g Brokkoli
½ Bund Radieschen
130 g Thunfisch
1 Apfel

**Für das Dressing:**
3 EL Olivenöl
1 TL Obstessig
1 TL Honig
1 ½ TL Senf
1 TL Salz
1 Prise Pfeffer
25 g Pinienkerne oder Sonnenblumenkerne

**Nährwerte p. P.**

*421 kcal*
*19 g Kohlenhydrate*
*33 g Fett*
*22 g Eiweiß*

1 Putzen Sie als Erstes das Gemüse. Schneiden Sie dann den Brokkoli in Röschen und blanchieren Sie diese in etwas Wasser in einem Topf für 3 Minuten. Danach in einem Sieb abgießen und das Kochwasser auffangen.

2 Schneiden Sie die Möhre in dünne Stifte und achteln Sie die Radieschen. Vierteln, entkernen und würfeln Sie den Apfel und geben Sie alles in eine große Salatschüssel.

3 Fügen Sie den leicht abgekühlten Brokkoli dazu und vermischen Sie alles. Den Thunfisch abtropfen lassen, mit einer Gabel auflockern und über den Salat geben.

4 Vermengen Sie Öl, Essig, Honig, Senf, Salz und Pfeffer mit 1 EL des Brokkoliwassers. Geben Sie das Dressing über den Salat und streuen Sie noch die Pinien- oder Sonnenblumenkerne darüber, lauwarm servieren.

# ORANGEN-BUTTER-LACHS

3 Port. 30 Min. Leicht

**Zutaten**

1 EL Avocadoöl
450 g Lachsfilet
1 TL Paprikapulver
1 TL Ingwer, gemahlen
1 Prise Meersalz

**Für die Soße:**
2 EL Orangensaft
1 EL Zitronensaft
1 EL Butter, geschmolzen
1 TL Ahornsirup

**Nährwerte p. P.**

*340 kcal*
*16 g Kohlenhydrate*
*29 g Fett*
*31 g Eiweiß*

1 Verrühren Sie alle Zutaten für die Zitrusbuttersoße in einer kleinen Schüssel.

2 Erhitzen Sie Avocadoöl in einer Pfanne auf mittlerer Hitze. Bestreuen Sie den Lachs in der Zwischenzeit mit Paprikapulver, Ingwer und Salz. Je nach Geschmack können noch weitere Kräuter hinzugefügt werden.

3 Legen Sie den Lachs vorsichtig mit der Hautseite nach unten in die Pfanne. So lange braten, bis die Unterseite goldbraun und knusprig ist.

4 Reduzieren Sie die Hitze und wenden Sie den Lachs auf die andere Seite. Noch einmal 4 Minuten braten, bis der Lachs durchgegart ist.

5 Nehmen Sie den Lachs von der Herdplatte und gießen Sie die Soße über den Fisch. Lassen Sie den Lachs stehen, bis ein Großteil der Soße verdampft ist. Den Lachs dann mit Beilagen nach Wahl servieren.

# WEIßWEIN-HEILBUTT MIT GEMÜSE

8 Port. 30 Min. Leicht

**Zutaten**

450 g Pilze nach Wahl
150 g Kirschtomaten
1 Handvoll Kapern
5 Frühlingszwiebeln
180 ml Weißwein, trocken
1 Bund Petersilie
2 TL Senf
1,1 kg Heilbutt, ohne Haut
250 g Spinat
Meersalz, Pfeffer
Olivenöl

**Nährwerte p. P.**

*413 kcal*
*21 g Kohlenhydrate*
*8 g Fett*
*8 g Eiweiß*

1 Putzen Sie das Gemüse. Vierteln Sie die Pilze und halbieren Sie die Tomaten, schneiden Sie die Frühlingszwiebeln in dünne Ringe. Erhitzen Sie Olivenöl in einer großen Pfanne und dünsten Sie die Pilze mit Salz darin bei mittlerer Hitze an. Erhöhen Sie nach 10 Minuten die Hitze und fügen Sie Tomaten, Kapern, die Hälfte der Frühlingszwiebeln und noch etwas Salz hinzu.

2 Kochen Sie das Ganze 3 Minuten lang und geben Sie dann Weißwein, geschnittene Petersilie und Senf dazu. Gut umrühren.

3 Würzen Sie den Fisch von beiden Seiten mit Meersalz und Pfeffer. Schieben Sie das Gemüse in der Pfanne etwas zur Seite und geben Sie den Fisch hinzu, die Pfanne dann abdecken. Hitze reduzieren und 4 Minuten auf jeder Seite braten.

4 Löffeln Sie etwas von der Pilzmischung auf den Fisch und fügen Sie je nach Belieben noch etwas Wein hinzu.

5 Sautieren Sie in einer zweiten Pfanne die restlichen Frühlingszwiebeln und den Spinat bei mittlerer Hitze für 2 Minuten. Den Pfanneninhalt zu Fisch und Gemüse geben und abschmecken, dann servieren.

# CHILI-KABELJAU

4 Port. | 45 Min. | Leicht

**Zutaten**

680 g Kabeljaufilet
30 ml Avocadoöl
1 TL Limettenschale, gerieben
2 EL Limettensaft
1 Knoblauchzehe
2 TL Chilipulver
1 TL Paprikapulver
2 TL Oregano
Je 1 Prise Meersalz und Pfeffer

**Nährwerte p. P.**

*298 kcal*
*19 g Kohlenhydrate*
*14 g Fett*
*25 g Eiweiß*

1 Nehmen Sie den Kabeljau aus der Verpackung und tupfen Sie ihn mit einem Küchenpapier trocken. Geben Sie ihn dann in einen Frischhaltebeutel.

2 Vermengen Sie alle restlichen Zutaten in einer Schüssel zu einer köstlichen Marinade. Geben Sie die Marinade in den Beutel und bewegen Sie das Fleisch darin, bis das Fleisch ganz bedeckt ist. Lassen Sie den Fisch im Kühlschrank 30 Minuten lang ruhen.

3 Heizen Sie den Ofen auf 200 °C Umluft. Geben Sie den Fisch samt Marinade in eine Auflaufform. Backen Sie alles für 15 bis 20 Minuten, bis der Fisch durchgegart ist. Mit einer Beilage Ihrer Wahl servieren; Salate, Reis oder geröstetes Gemüse bieten sich an.

# LACHS MIT BLAUBEERSOSSE

2 Port. | 20 Min. | Leicht

**Zutaten**

1 Lachsfilet
2 TL Kokosöl

**Für die Blaubeersoße:**
75 g Blaubeeren
½ Orange
2 Prisen Salz
1 Prise Pfeffer
1 Prise geriebene Muskatnuss

**Nährwerte p. P.**

*160 kcal*
*8 g Kohlenhydrate*
*9 g Fett*
*12 g Eiweiß*

1 Pressen Sie den Saft aus der Orange und reiben Sie die Schale ab. Geben Sie alle Zutaten für die Soße in einen kleinen Topf und erhitzen Sie sie bei mittlerer Hitze. Dabei ab und zu umrühren.

2 Braten Sie währenddessen den Lachs in Kokosöl bei mittlerer Hitze. Sobald der Lachs in der Pfanne eine leicht goldene Farbe annimmt, drehen Sie ihn um, sodass die Hautseite nach unten zeigt. Noch einmal 4 bis 7 Minuten anbraten.

3 Sobald die Blaubeeren anfangen, in die Soße zu "schmelzen" und die Flüssigkeit eindickt, schalten Sie die Hitze aus. Warmhalten, bis der Lachs fertig ist.

4 Servieren Sie den Lachs und geben Sie die Blaubeersoße über ihn.

**Tipp:** Als Beilage bietet sich ein Rucola-Salat, gebratene Bohnen oder Reis an.

# SCHARFE SHRIMP-BOWL

4 Port. | 25 Min. | Leicht

**Zutaten**

**Für die Soße:**
4 getrocknete Chilischoten
4 große Tomaten
Je 1 Prise Kumin und Oregano
1 TL Meersalz
2 EL Olivenöl

**Für die Bowl:**
16 große Shrimps, geschält und entdarmt
450 g gehackter Grünkohl
120 ml Hühner- oder Gemüsebrühe
Saft von einer Limette
240 g brauner Reis
60 g Koriander, gehackt
Salz, Pfeffer

**Nährwerte p. P.**

*407 kcal*
*67 g Kohlenhydrate*
*9 g Fett*
*18 g Eiweiß*

1 Kochen Sie den Reis nach Packungsanweisung. Erhitzen Sie dann etwas Wasser in einem Wasserkocher. Geben Sie dann die getrockneten Chilis in eine hitzebeständige Schüssel und bedecken Sie sie mit dem kochenden Wasser. 10 bis 15 Minuten lang einweichen lassen, bis sie sich biegen lassen. Schneiden Sie dann die Stiele ab und entfernen Sie die Samen.

2 Geben Sie die Chilis zusammen mit den restlichen Zutaten für die Soße in einen Mixer und mixen Sie so lange, bis die Mischung glatt ist und eine schöne rote Farbe hat.

3 Erhitzen Sie in einer großen Pfanne ein wenig Olivenöl bei mittlerer bis hoher Hitze. Würzen Sie die Garnelen mit Salz und braten Sie sie auf beiden Seiten an, bis sie ein wenig gebräunt sind. Das sollte etwa 2 Minuten dauern. Dann auf einen Teller geben und zur Seite stellen.

4 Geben Sie den gewaschenen und gehackten Grünkohl mit der Hühnerbrühe in eine Pfanne. Lassen Sie alles köcheln, bis die Flüssigkeit fast vollständig aufgesogen ist. Salzen und pfeffern und in eine Schüssel geben.

5 Gießen Sie nun die scharfe Soße in die Pfanne und lassen Sie sie bei mittlerer Hitzestufe köcheln, bis sie um die Hälfte reduziert ist. Rühren Sie die Garnelen unter und lassen Sie alles noch mal 1 Minute kochen.

6 Vermengen Sie den gekochten Reis mit der Hälfte des Korianders und dem Limettensaft. Verteilen Sie den Reis zum Servieren auf Schüsseln und garnieren Sie mit dem Grünkohl und den Garnelen. Mit dem restlichen Koriander garnieren.

# LACHS-GEMÜSE-SUPPE

2 Port. | 30 Min. | Leicht

**Zutaten**

1 Knoblauchzehe
30 g Ingwer
1 Kohlrabi
½ rote Chilischote
100 g Shiitake-Pilze
150 g Möhren
100 g Lachs
4 Stiele Koriander
1 EL Kokosöl
2 TL geröstetes Sesamöl
750 ml Gemüsebrühe
4 EL Sojasoße
2 TL Limettensaft

**Nährwerte p. P.**

*340 kcal*
*19 g Kohlenhydrate*
*23 g Fett*
*16 g Eiweiß*

1 Schälen Sie Ingwer und Knoblauch. Entkernen Sie die Chili und schneiden Sie alles in kleine Stücke. Den Kohlrabi putzen, schälen und halbieren, dann in 5 mm dicke Spalten schneiden. Die Möhren putzen, schälen und ebenfalls in dickere Scheiben schneiden. Die Stiele der Pilze entfernen, halbieren oder vierteln.

2 Waschen Sie den Fisch und schneiden Sie ihn in 2 cm große Würfel. Auch den Koriander waschen und die Blätter klein hacken.

3 Dünsten Sie Ingwer, Knoblauch und Chili in einer Pfanne in beiden Ölen bei mittlerer Hitze an. Geben Sie nach 3 Minuten Kohlrabi und Möhren dazu, umrühren. Geben Sie nun die Gemüsebrühe und die Hälfte der Sojasoße dazu. Kochen Sie alles auf und lassen Sie die Zutaten bei geschlossenem Deckel und mittlerer Hitze für 5 bis 7 Minuten garen.

4 Fügen Sie der Suppe nun Fisch und Pilze hinzu. Lassen Sie alles noch einmal aufkochen und 5 Minuten garen. Würzen Sie mit Limettensaft und der übrigen Sojasoße. Verteilen Sie die Suppe dann auf Schüsseln und garnieren Sie mit Koriander.

**Tipp:** Wer will, kann die Suppe noch mit gerösteten Sesamsamen garnieren.

# Vegetarische Hauptgerichte

# KARTOFFEL-PILZ-SUPPE

10 Port. | 1 Std. 10 Min. | Leicht

**Zutaten**

4 EL Butter oder Olivenöl
2 Lauchstangen
3 Knoblauchzehen
800 g Champignons
3 EL Thymian
1 Liter Gemüsebrühe
3 - 4 große Kartoffeln
Saft von einer halben Zitrone
Salz
1 Handvoll Schnittlauch, gehackt

**Nährwerte p. P.**

*89 kcal*
*6 g Kohlenhydrate*
*3 g Fett*
*4 g Eiweiß*

1 Erhitzen Sie in einem großen Topf Butter auf mittlerer Hitze. Den Lauch klein schneiden und zusammen mit einer Prise Salz in den Topf geben. 10 Minuten lang anbraten und ab und zu umrühren, bis der Lauch zart ist.

2 Die Knoblauchzehen schälen und klein hacken, zusammen mit dem Lauch anschwitzen. Schneiden Sie die Pilze grob klein und geben Sie sie mit Thymian und einer weiteren Prise Salz in den Topf. 15 Minuten anbraten, bis die Pilze langsam anbräunen.

3 Die Kartoffeln schälen und würfeln. Dann in den Topf geben und alles zum Kochen bringen, danach auf niedriger Hitzestufe 30 bis 40 Minuten köcheln lassen, bis die Kartoffeln zart sind.

4 Pürieren Sie die Zutaten nun stückweise in einem Mixer oder mit einem Stabmixer. Schmecken Sie die Suppe mit Zitronensaft ab, dann mit gehacktem Schnittlauch servieren.

# CREMIGE TOMATENSUPPE

12 Port. | 1 Std. 10 Min. | Leicht

**Zutaten**

800 g geschälte und gewürfelte Bio-Tomaten
2 Zwiebeln
3 Möhren
3 Kartoffeln
6 EL Olivenöl
1 TL Honig
1 Bund Dill oder Basilikum
Salz, Pfeffer

**Nährwerte p. P.**

*289 kcal*
*17 g Kohlenhydrate*
*9 g Fett*
*5 g Eiweiß*

1 Putzen Sie das Gemüse. Schälen Sie die Zwiebeln und hacken Sie sie klein, auch die Möhren und die Kartoffeln klein schneiden.

2 Geben Sie Tomaten, Zwiebeln, Möhren, Kartoffeln, Salz und Butter in einen großen Topf. Lassen Sie die Zutaten für 1 Stunde köcheln, bis das Gemüse weich ist. Dann alles mit einem Pürierstab glatt mixen.

3 Geben Sie nun Honig, mehr Salz und Pfeffer nach Geschmack hinzu. Schneiden Sie die Kräuter klein und geben Sie sie zur Suppe. Noch einmal pürieren und dann servieren.

# EINFACHE BLUMENKOHL-PIZZA

2 Port. 35 Min. Leicht

**Zutaten**

230 g Blumenkohl
180 g Käse
1 Ei
1 Knoblauchzehe
1 TL italienische Kräuter
½ TL Salz

**Für den Belag:**
200 g passierte Tomaten
Gemüse nach Geschmack
1 Handvoll geriebener Käse

**Nährwerte p. P.**

*480 kcal*
*12 g Kohlenhydrate*
*14 g Fett*
*51 g Eiweiß*

1 Für diese hefe- und weizenfreie Pizzaalternative zerkleinern Sie als Erstes den Blumenkohl mit einer Reibe oder einem Mixer. Das so entstandene Blumenkohl-Mehl muss nun für 8 bis 10 Minuten in einem Dampfgarer oder in einer Mikrowelle vorgegart werden.

2 Heizen Sie den Backofen auf 180 °C vor. Hacken Sie den Knoblauch klein und raspeln Sie den Käse. Vermengen Sie dann Ei, Käse, Knoblauch, Blumenkohl, Gewürze und Salz in einer Schüssel miteinander.

3 Legen Sie ein Blech mit Backpapier aus und verteilen Sie die Teigmasse darauf. 15 Minuten lang backen, bis der Boden leicht gebräunt ist.

4 Nehmen Sie den Teig aus dem Ofen und verteilen Sie die passierten Tomaten darauf. Belegen Sie die Pizza nun nach Belieben, etwa mit Paprika, Brokkoli, Spinat oder Fleisch. Dann noch Käse darüberstreuen und noch einmal 10 Minuten lang backen, bis der Käse geschmolzen ist.

# SÜẞKARTOFFEL-PUFFER MIT KIMCHI

15 Port. | 25 Min. | Leicht

**Zutaten**

1 Süßkartoffel, etwa 340 g
1 Lauchstange
4 Frühlingszwiebeln
100 g Kimchi
1 TL Sesamöl
2 Eier
50 g Vollkornreismehl
80 g Mayonnaise

**Nährwerte p. P.**

*167 kcal*
*18 g Kohlenhydrate*
*11 g Fett*
*2 g Eiweiß*

1 Putzen Sie das Gemüse. Schälen Sie die Süßkartoffel und reiben Sie sie grob klein. Schneiden Sie den weißen und hellgrünen Teil des Lauchs in dünne Ringe. Schneiden Sie die Frühlingszwiebeln klein und hacken Sie den Kimchi fein.

2 Geben Sie Süßkartoffel, Lauch, die Hälfte der Frühlingszwiebeln, die Hälfte des Kimchis, Sesamöl, verquirlte Eier, Mehl und Salz in eine große Rührschüssel und vermengen Sie alles, bis eine glatte Masse entsteht.

3 Geben Sie in eine kleinere Schüssel die restlichen Frühlingszwiebeln und das übrige Kimchi sowie die Mayonnaise. Umrühren und bei Bedarf abschmecken.

4 Erhitzen Sie ein wenig Öl in einer Pfanne. Nun die Süßkartoffelmischung portionsweise in die Pfanne geben, etwa 1 bis 2 Esslöffel pro Puffer. Bei mittelhoher bis hoher Hitze goldbraun braten und wenden, etwa 2 Minuten pro Seite.

5 Legen Sie die Puffer auf einen mit Küchenpapier ausgelegten Teller. So lange braten, bis der Teig aufgebraucht ist. Mit dem Kimchi-Dip und Frühlingszwiebeln servieren.

**Tipp:** Wenn Sie die Puffer länger warmhalten wollen, können Sie die ersten fertig gebackenen bei 200 °C im vorgeheizten Ofen warmhalten. Das macht sie auch noch mal extra knusprig.

# GEMÜSE-TARTE

4 Port. 1 Std. Leicht

**Zutaten**

**Für den Teig:**
250 g Vollkorn-Dinkelmehl oder glutenfreies Mehl
1 Ei
½ TL Salz
125 g Butter, kalt

**Für den Belag:**
250 g grüner Spargel
200 g Zucchini
250 g Brokkoli
200 ml Gemüsebrühe
50 g Gouda
3 Eier
200 g saure Sahne
Salz, Pfeffer, Muskatnuss

**Nährwerte p. P.**

*650 kcal*
*44 g Kohlenhydrate*
*47 g Fett*
*29 g Eiweiß*

1 Häufen Sie Mehl auf eine Arbeitsfläche und drücken Sie eine Mulde in die Mitte. Geben Sie das Ei und etwas Salz ins Mehl, verteilen Sie dann die Butter in Flöckchen am Rand des Mehls. Verarbeiten Sie die Zutaten schnell zu einem glatten Teig. Ist er zu bröselig, geben Sie noch etwas kaltes Wasser dazu. Den Teig ausrollen.

2 Fetten Sie eine Springform (28 bis 30 cm Durchmesser) ein und kleiden Sie diese mit dem Teig aus. Ziehen Sie dabei den Rand hoch. Decken Sie die Form nun mit Frischhaltefolie zu und stellen Sie sie für 30 Minuten kalt.

3 Putzen Sie das Gemüse. Schneiden Sie beim Spargel die holzigen Enden ab, danach die Stangen im unteren Drittel schälen und in 3 cm lange Stücke schneiden. Den Brokkoli in Röschen schneiden und die Zucchini in mundgerechte Würfel schneiden.

4 Kochen Sie die Brühe in einem Topf auf und geben Sie Brokkoli und Spargel hinein. Bei mittlerer Hitze und mit geschlossenem Deckel 2 Minuten lang garen. Dann die Zucchini dazugeben und 1 Minute ebenfalls garen. Gießen Sie das Gemüse dann in einem Sieb ab und lassen Sie es abtropfen, fangen Sie dabei 100 ml Brühe auf. Beiseitestellen.

5 Heizen Sie den Ofen auf 200 °C Umluft vor. Reiben Sie den Käse fein und verquirlen Sie ihn mit Eiern, Sahne und der aufgefangenen abgekühlten Brühe. Würzen Sie mit Salz, Pfeffer und Muskat.

6 Stechen Sie mit einer Gabel mehrmals in den Teig. Verteilen Sie dann das Gemüse darauf und gießen Sie den Ei-Mix darüber. Nun wird die Tarte im Ofen für 35 bis 45 Minuten gebacken.

# OFEN-RATATOUILLE

4 Port. | 1 Std. 10 Min. | Leicht

**Zutaten**

800 g gehackte Tomaten
70 g Tomatenmark
2 Zucchini
2 Möhren
3 große Tomaten
3 große Kartoffeln
30 g geriebener Parmesan
½ TL Zimt
1 Prise Zucker
getrocknete Kräuter
Salz
Olivenöl

**Nährwerte p. P.**

*283 kcal*
*54 g Kohlenhydrate*
*4 g Fett*
*9 g Eiweiß*

1 Erhitzen Sie Olivenöl in einer Pfanne und geben Sie die getrockneten Kräuter dazu, besonders Thymian, Rosmarin und Oregano bieten sich an. Geben Sie das Tomatenmark dazu und rösten Sie es kurz an.

2 Geben Sie die gehackten Tomaten dazu und lassen Sie sie aufkochen. Mit Salz, Zucker, Zimt und mehr Kräutern abschmecken und bei geringer Hitze köcheln lassen.

3 Waschen Sie in der Zwischenzeit das Gemüse. Schälen Sie Möhren und Kartoffeln und schneiden Sie sie in dünne Scheiben. Heizen Sie den Ofen auf 200 °C Ober- und Unterhitze vor.

4 Rühren Sie den Parmesan in die Tomatensoße und geben Sie diese dann in eine Auflaufform, bis diese etwa halb voll ist. Ordnen Sie dann die Gemüsescheiben abwechselnd in der Form an. Geben Sie noch etwas Salz darüber. Backen Sie das Ratatouille für etwa 50 Minuten im Ofen.

# SPINAT-QUICHE OHNE KRUSTE

3 Port. 1 Std. Leicht

**Zutaten**

1 TL Butter
1 EL Olivenöl
300 g Spinat, gefroren
6 Eier
300 g Cheddar
1 Prise Muskatnuss
1 Prise getrockneter Estragon
½ rote Paprika, gewürfelt

**Nährwerte p. P.**

*614 kcal*
*6 g Kohlenhydrate*
*48 g Fett*
*18 g Eiweiß*

1 Heizen Sie den Ofen auf 180 °C Umluft vor und fetten Sie eine Quicheform ein.

2 Bringen Sie Butter und Öl bei mittlerer Hitze in einer großen Pfanne zum Schmelzen. Dünsten Sie darin den Spinat an, bis er weich ist. Vermengen Sie währenddessen Eier, Cheddar, Muskatnuss und Estragon in einer Schüssel.

3 Geben Sie die Mischung zum Spinat und fügen Sie auch die geschnittene Paprika dazu, mit Salz und Pfeffer würzen.

4 Gießen Sie die Zutaten in die Form, drücken Sie sie etwas an und backen Sie die Quiche 40 Minuten im Ofen, bis Sie einen Zahnstocher in die Mitte der Quiche stecken können und er sauber herauskommt. Quiche aus dem Ofen nehmen und 5 Minuten abkühlen lassen.

# ÜBERBACKENE AUBERGINE

6 Port. 1 Std. Leicht

**Zutaten**

900 g Auberginen
360 ml Tomatensoße
320 g Mozzarella, gerieben
1 Handvoll Oreganoblätter
Salz
Olivenöl

**Nährwerte p. P.**

*363 kcal*
*17 g Kohlenhydrate*
*29 g Fett*
*12 g Eiweiß*

1 Heizen Sie den Ofen auf 200 °C Ober- und Unterhitze vor.

2 Putzen Sie die Auberginen und schneiden Sie sie in etwa 6 mm dicke Scheiben.

3 Füllen Sie eine Pfanne mit Öl, bis der Pfannenboden ganz bedeckt ist, und erhitzen Sie es bei starker Hitze. Braten Sie darin die Auberginenscheiben und wenden Sie sie zwischendurch, bis sie auf beiden Seiten goldbraun sind. Das sollte etwa 5 Minuten dauern.

4 Die Scheiben dann herausnehmen und auf Küchenpapier abtropfen lassen. Bestreuen Sie die Scheiben mit Salz. Wiederholen Sie den Vorgang mit allen Auberginenscheiben.

5 Geben Sie ein paar der Auberginenscheiben in eine Auflaufform. Bedecken Sie die Scheiben mit einer dünnen Schicht Tomatensoße, gefolgt vom geriebenen Mozzarella und ein paar Oreganoblättern. Schichten Sie nun wieder Auberginen, Soße, Käse und Kräuter, um die Auflaufform zu füllen.

6 Etwa 20 Minuten im Ofen backen, bis die Oberseite gebräunt ist und blubbert. Für 10 Minuten stehen lassen, mit Oreganoblättern garnieren und servieren.

# GNOCCHI IN SALBEIBUTTER

6 Port. | 1 Std. 10 Min. | Mittel

**Zutaten**

800 g Kartoffeln, mehlig
80 g Kartoffelstärke
1 TL Meersalz
1 Ei
Reismehl
Öl

**Für die Salbeibutter:**
1 Handvoll Salbei
75 g Butter
Salz
Parmesan

**Nährwerte p. P.**

*367 kcal*
*45 g Kohlenhydrate*
*21 g Fett*
*5 g Eiweiß*

1 Die Kartoffeln putzen und in Wasser 20 Minuten lang kochen. Die Kartoffeln pellen und in einer großen Schüssel mit einem Kartoffelstampfer zerdrücken. Es sollte keine größeren Stücke mehr geben. Stärke und Salz unterrühren, sobald die Masse abgekühlt ist. Das Ei aufschlagen und ebenfalls unterrühren.

2 Geben Sie den Teig nun auf eine Arbeitsfläche, die leicht mit Reismehl bestäubt ist. Mit den Händen durchkneten, bis er kompakt und weich ist. Den Teig dann in einer Schüssel kühl für 2 bis 3 Stunden ruhen lassen.

3 Entnehmen Sie ein Viertel des Teiges und formen Sie es mit den Händen zu einer Rolle mit einem Durchmesser von etwa 1,5 cm. Die Teigrolle und die Arbeitsfläche mit etwas mehr Reismehl bestreuen.

4 Schneiden Sie von der Rolle 1 cm dicke Scheiben ab und stellen Sie einen Teller bereit, der etwas eingeölt ist. Formen Sie die Teigscheiben mit bemehlten Händen zu kleinen Kissen. Drücken Sie in die Kissen mit einem Schneebesen oder einer Gabel Rillen ein. Die Gnocchi dann auf den Teller legen und alles mit dem restlichen Teig wiederholen.

5 Bringen Sie leicht gesalzenes Wasser in einem großen Topf zum Kochen. Geben Sie die Gnocchi portionsweise hinein und rühren Sie mit einem Kochlöffel vorsichtig um. Die Gnocchi sieden lassen, bis sie an die Wasseroberfläche kommen, und mit einer Schaumkelle herausnehmen. Abtropfen lassen.

6 In der Zwischenzeit die Salbeibutter herstellen: Butter und in Streifen geschnittenen Salbei in einer Pfanne erhitzen, bis die Butter zu bräunen beginnt. Nach Geschmack salzen.

7 Die Gnocchi mit der Salbeibutter beträufeln und mit Parmesan bestreuen, dann servieren.

**Tipp:** Die Gnocchi können natürlich auch mit anderen Soßen genossen werden. Alternativ können Sie sie auch in etwas Butter in einer Pfanne kurz anbraten.

# KARTOFFELGRATIN

4 Port. | 1 Std. 10 Min. | Leicht

**Zutaten**

550 g Kartoffeln, festkochend
100 g Hartkäse
150 ml Sahne, laktosefrei
Salz
Pfeffer
Butter zum Einfetten

**Nährwerte p. P.**

*378 kcal*
*26 g Kohlenhydrate*
*20 g Fett*
*14 g Eiweiß*

1 Fetten Sie eine flache Auflaufform mit einem Durchmesser von etwa 27 cm mit Butter ein. Heizen Sie den Ofen auf 170 °C Umluft vor.

2 Schälen Sie die Kartoffeln und schneiden Sie sie in etwa 3 mm dicke Scheiben. Legen Sie die Scheiben fächerartig in die Auflaufform.

3 Streuen Sie Salz über die Kartoffeln und verteilen Sie den geriebenen Käse gleichmäßig, dann mit Sahne übergießen.

4 Backen Sie das Gratin im Ofen für 35 bis 45 Minuten. Überprüfen Sie nach 20 Minuten, ob die Bräunung gleichmäßig ist und ob die Form eventuell gedreht werden muss. Sollte das Gratin zu schnell bräunen, bedecken Sie die Auflaufform mit Alufolie.

5 Aus dem Ofen nehmen, pfeffern und servieren.

**Tipp:** Wer länger etwas vom Gratin haben möchte oder Gäste erwartet, kann die Menge der Zutaten verdoppeln und anstatt einer Auflaufform ein Backblech für das Gratin verwenden.

# HIRSEN-SOUFFLÉ

2 Port. | 1 Std. 10 Min. | Leicht

**Zutaten**

120 g Hirse
250 ml Gemüsebrühe
2 Eier
50 g Gouda, jung
1 EL Butter
1 Prise Salz
½ Handvoll Petersilie, gehackt
Pfeffer

**Nährwerte p. P.**

*443 kcal*
*43 g Kohlenhydrate*
*19 g Fett*
*18 g Eiweiß*

1 Spülen Sie die Hirse gründlich unter kaltem Wasser ab. Bringen Sie in einem Topf Wasser mit Gemüsebrühe zum Kochen und geben Sie die Hirse hinein.

2 Reduzieren Sie die Hitze und lassen Sie die Hirse zugedeckt 15 bis 20 Minuten quellen. Die Hirse sollte weich und das Wasser vollständig aufgesogen sein. Vom Herd nehmen und ein paar Minuten abkühlen lassen.

3 Heizen Sie den Ofen auf 180 °C vor und fetten Sie eine Souffléform oder eine Auflaufform mit Butter ein.

4 Verquirlen Sie 2 Eigelbe in einer Schüssel, die Eiweiße beiseitestellen. Fügen Sie den geriebenen Käse dazu und mischen Sie gut durch. Mit Salz, frisch gehackter Petersilie und Pfeffer würzen. Je nach Geschmack und Verträglichkeit können auch noch Paprikagewürz, Anis oder Fenchel zum Würzen hinzugefügt werden.

5 Die Hirse zur Eigelb-Mischung geben und alles gründlich vermengen. In einer separaten Schüssel die Eiweiße steif schlagen. Den Eischnee vorsichtig unter die Hirse-Mischung heben.

6 Füllen Sie die Auflaufform mit der Mischung und streichen Sie diese glatt. Das Soufflé im Ofen für 25 bis 30 Minuten backen, bis es aufgegangen und goldbraun ist. Aus dem Ofen nehmen und abkühlen lassen, dann servieren.

# GEMÜSE-BUCHWEIZEN-AUFLAUF

4 Port. 55 Min. Leicht

**Zutaten**

400 ml Gemüsebrühe
200 g Buchweizen
1 Zucchini
2 Möhren
1 Kohlrabi
1 Lauchstange
2 EL Rapsöl
200 ml Sahne
150 g Feta
Salz, Pfeffer

**Nährwerte p. P.**

*554 kcal*
*54 g Kohlenhydrate*
*31 g Fett*
*16 g Eiweiß*

1 Kochen Sie den Buchweizen in der Gemüsebrühe auf. Bei mittlerer Hitze köcheln lassen, bis die Brühe ganz aufgenommen ist. Heizen Sie den Backofen auf 180 °C Umluft vor.

2 Putzen Sie die Zucchini, dann in Scheiben schneiden. Die Möhren schälen und auch in Scheiben schneiden, den Kohlrabi schälen und würfeln. Den Lauch putzen und in dünne Ringe schneiden.

3 Erhitzen Sie Öl in einer Pfanne und schwitzen Sie das Gemüse darin an. Mit Salz und Pfeffer würzen.

4 Geben Sie das Gemüse und den Buchweizen in eine Auflaufform. Gut vermengen. Die Sahne darübergeben und den Feta obendrüber zerbröseln. Den Auflauf im Ofen 25 Minuten backen, etwas abkühlen lassen und servieren.

# MÖHREN-TAGLIATELLE

4 Port. 35 Min. Leicht

**Zutaten**

½ Bund Basilikum
50 g Pinienkerne
30 g Parmesan
800 g Möhren
1 Bund Rucola
1 Handvoll Oregano, frisch
4 EL Olivenöl
100 ml Gemüsebrühe
250 g Kirschtomaten
Salz, Pfeffer

**Nährwerte p. P.**

*272 kcal*
*17 g Kohlenhydrate*
*19 g Fett*
*9 g Eiweiß*

1 Die Pinienkerne bei mittlerer bis hoher Hitzestufe in einer Pfanne ohne Öl anrösten. Das Basilikum waschen, trocknen und die Blätter abzupfen. Den Parmesan reiben.

2 Nun die Hälfte der gerösteten Pinienkerne und die Basilikumblätter gemeinsam in einem Mörser zerreiben und mit dem Parmesan vermischen.

3 Die Möhren putzen, schälen und mit einem Sparschäler in lange, schmale Streifen schneiden. Den Rucola waschen und trocknen. Den Oregano waschen, trocknen und die Blätter abzupfen.

4 Erhitzen Sie Öl in einer großen Pfanne. Die Möhren-Tagliatelle für 4 Minuten bei mittlerer Hitze anbraten. Mit Gemüsebrühe ablöschen und 5 Minuten bei niedriger Hitze schmoren lassen, dabei ab und zu wenden. So lange schmoren lassen, bis die Flüssigkeit verkocht ist. Die Tomaten putzen und vierteln.

5 Die Möhren mit Salz und Pfeffer würzen. Die restlichen Pinienkerne und die Tomaten in die Pfanne geben, 2 Minuten mitdünsten. Den Rucola unterheben und direkt von der Hitze nehmen. Auf Tellern servieren und mit Oreganoblättern und dem Basilikum-Mix garnieren.

# GEFÜLLTE ZUCCHINIROLLE

4 Port. | 55 Min. | Leicht

**Zutaten**

500 g Zucchini
5 Eier
50 g gemahlene Mandeln
100 g Dinkelmehl
3 Fleischtomaten
50 ml Sahne, laktosefrei
200 g Schafskäse
Salz
Pfeffer
1 Handvoll Basilikumblätter

**Nährwerte p. P.**

*476 kcal*
*23 g Kohlenhydrate*
*29 g Fett*
*24 g Eiweiß*

1 Zunächst die Zucchini putzen und dann grob raspeln. Auf ein Stück Küchenpapier legen und abtropfen lassen.

2 Die Eier trennen und das Eiweiß steif schlagen. Eigelbe mit Salz und Pfeffer verrühren. Das Mehl mit den Mandeln vermengen und in die Eigelbmischung rühren. Die Hälfte des Eischnees unterheben, dann die Zucchiniraspel hineinrühren.

3 Heben Sie dann den übrigen Eischnee unter. Legen Sie die Masse auf ein mit Backpapier ausgelegtes Backblech und streichen Sie sie glatt. Bei 200 °C Umluft im Ofen 20 Minuten backen.

4 Geben Sie die gewaschenen Tomaten in kochendes Wasser, dann häuten und die Stielansätze herausschneiden. Das Fruchtfleisch würfeln.

5 Den Käse mit der Sahne verrühren. Das Basilikum waschen, trocknen und hacken.

6 Das Blech aus dem Ofen nehmen und den Zucchinibiskuit auf ein bemehltes Küchentuch stürzen. Das Papier abziehen und auf den Biskuit den Käse streichen, dann die Tomatenwürfel und das Basilikum darauf verteilen. Salzen und pfeffern.

7 Die Biskuitplatte behutsam aufrollen und im Ofen noch einmal 15 Minuten backen.

**Tipp:** Die Zucchinirolle bietet sich als leckere Vorspeise oder als Abendessen an.

# Vegane Hauptgerichte

# OFENGEMÜSE

2 Port. | 45 Min. | Leicht

**Zutaten**

2 kleine Zucchini
4 Möhren
4 Steckrüben
1 EL Salbei, frisch
2 EL Rosmarin
2 EL Thymian
2 EL Olivenöl
1 TL Salz

**Nährwerte p. P.**

*1.566 kcal*
*17 g Kohlenhydrate*
*7 g Fett*
*3 g Eiweiß*

1 Heizen Sie den Ofen auf 220 °C vor.

2 Putzen Sie das Gemüse. Schneiden Sie dann die Zucchini, Möhren und Steckrüben in mundgerechte Stücke.

3 Verteilen Sie das Gemüse auf einem mit Backpapier ausgelegten Backblech und beträufeln Sie es mit Öl. Geben Sie dann Salz und Kräuter darüber und vermengen Sie alles gut mit den Händen oder zwei großen Löffeln, bis das Gemüse gleichmäßig bedeckt ist.

4 Geben Sie das Gemüse nun für 35 Minuten in den Backofen, bis es mit einer Gabel durchstochen werden kann. Herausnehmen und servieren.

**Tipp:** Je nach Belieben können Sie auch weitere oder andere Gemüsesorten verwenden. Das Ofengemüse ist eine leckere Beilage oder kann als Hauptspeise mit Salat oder einem Dip serviert werden.

# VEGANES CURRY

6 Port. | 45 Min. | Leicht

**Zutaten**

3 EL neutrales Öl
1 Bund Frühlingszwiebeln, gehackt
2 Handvoll Lauchgrün, gewaschen und gehackt
Je 1 rote und grüne Paprika
3 große Kartoffeln
50 g Ingwer
400 g passierte Tomaten
2 TL Garam Masala
1 TL Koriander, gemahlen
1 TL süßes Paprikapulver
250 ml Kokosmilch
Salz, Pfeffer

**Für die Currypaste:**
1 EL geräuchertes Paprikapulver
1 EL Kreuzkümmelpulver
2 EL Garam Masala
Je 1 EL Korianderpulver, Kurkumapulver und Chilipulver
2 EL Tomatenmark
Saft von einer Zitrone

**Optional:**
400 g Tofu, gewürfelt

**Nährwerte p. P.**

*178 kcal*
*6 g Kohlenhydrate*
*7 g Fett*
*4 g Eiweiß*

1 Erhitzen Sie Öl in einer Pfanne oder einem Wok bei niedriger bis mittlerer Hitze. Frühlingszwiebeln und Lauchgrün darin für 3 Minuten anbraten, bis sie duften.

2 Putzen Sie Paprika, Kartoffeln und Möhren und schneiden Sie das Gemüse sowie den Ingwer klein. In den Topf geben und etwa 10 Minuten weiterbraten, bis das Gemüse weich ist. Gegebenenfalls etwas Wasser hinzugeben, falls das Gemüse klebt.

3 Fügen Sie passierte Tomaten und Gewürze hinzu und rühren Sie alles um. Geben Sie gegebenenfalls noch etwas Wasser dazu und lassen Sie alles 15 bis 20 Minuten abgedeckt kochen.

4 Nehmen Sie den Topf vom Herd, sobald das Gemüse ganz weich ist. Sobald alles abgekühlt ist, mit einem Mixer oder einem Pürierstab zu einer glatten Soße pürieren.

5 Erhitzen Sie ein wenig Öl in einer Pfanne und lassen Sie es leicht abkühlen, bevor Sie alles für die Currypaste dazumischen und gut vermengen. Geben Sie dann die Soße dazu und lassen Sie alles 5 bis 10 Minuten kochen, gut umrühren. Optional können Sie noch gewürfelten Tofu hinzufügen. Mit Salz und Pfeffer abschmecken.

# SOMMER-GEMÜSESUPPE

8 Port. 30 Min. Leicht

**Zutaten**

2 EL Avocadoöl
1 EL Knoblauchöl
7 Frühlingszwiebeln
1 Sellerieknolle
600 g gewürfelte oder passierte Tomaten
2 Liter Gemüsebrühe
200 g grüne Bohnen, in Stücke geschnitten
½ Brokkoli, in Röschen geschnitten
3 Möhren
1 Dose Artischockenherzen

**Für das Pesto:**
1 EL Knoblauchöl
60 ml Olivenöl
4 Handvoll Rucola, Basilikum oder Spinat
60 g Walnüsse
60 g Parmesan
Salz

**Nährwerte p. P.**

*317 kcal*
*12 g Kohlenhydrate*
*6 g Fett*
*4 g Eiweiß*

1 Putzen Sie das Gemüse und schneiden Sie alles in mundgerechte Stücke. Die Artischockenherzen abtropfen lassen und klein hacken.

2 Braten Sie die Frühlingszwiebeln in Avocado- und Knoblauchöl in einem großen Suppentopf bei mittlerer Hitze an.

3 Geben Sie die Sellerieknollenstücke in den Topf und braten Sie sie 1 Minute lang an, geben Sie dann die Tomaten und die Brühe hinzu. Zum Kochen bringen.

4 Geben Sie nun Möhren, Bohnen und Brokkoli hinzu und lassen Sie die Mischung 15 Minuten köcheln.

5 Geben Sie alle Zutaten für das Pesto in einen Mixer und mixen Sie so lange, bis eine Paste entsteht. In eine Schüssel geben und beiseitestellen.

6 Geben Sie die Artischockenherzen in die Suppe und kochen Sie alles auf mittlerer Hitze für weitere 5 Minuten. Salzen und pfeffern und dann mit einem Klecks Pesto servieren.

# ROTE-LINSEN-DAHL

4 Port. 45 Min. Leicht

**Zutaten**

200 g rote Linsen
2 EL Kokosöl
1 EL Apfelessig
6 Frühlingszwiebeln, in Ringe geschnitten
25 g Ingwer
25 g Kurkuma
2 TL schwarze Senfsamen
Je 1 EL gemahlener Kreuzkümmel und Koriander
2 TL Paprika
½ TL gemahlener Kardamom
1 TL Salz
1 TL schwarzer Pfeffer
4 große Tomaten
120 ml Wasser
2 EL Tomatenmark
450 ml Kokosmilch
Saft von einer Limette
400 g gekochter Jasmin- oder Basmatireis
frische Petersilie, gehackt

**Nährwerte p. P.**

*378 kcal*
*23 g Kohlenhydrate*
*13 g Fett*
*6 g Eiweiß*

1 Lassen Sie die trockenen Linsen in einer Schüssel Wasser mit Apfelessig 12 bis 24 Stunden einweichen. Danach abtropfen und gut abspülen. Wieder abtropfen lassen.

2 Erhitzen Sie Kokosöl in einer großen Pfanne und geben Sie Frühlingszwiebeln, Ingwer und Kurkuma dazu. Erhitzen Sie die Zutaten auf mittlerer Hitze und rühren Sie ein paarmal um, bevor Sie die Senfsamen dazugeben.

3 Geben Sie Kreuzkümmel, Koriander, Paprika, Kardamom, Salz und Pfeffer dazu. Ein wenig umrühren. Dann Tomaten, Tomatenmark, Kokosmilch, rote Linsen und Wasser dazugeben.

4 Lassen Sie alles 30 Minuten lang kochen, bis die Linsen gar sind und die gewünschte Konsistenz erreicht ist. Rühren Sie den Limettensaft ein und schmecken Sie noch einmal ab. Reis und Dahl auf Schüsseln verteilen und mit gehackter Petersilie garnieren.

# BUCHWEIZEN-PFANNKUCHEN MIT GEMÜSE

2 Port. 40 Min. Leicht

**Zutaten**

200 ml vegane Milch
80 g Buchweizenmehl
3 Eier
1 Zucchini
1 Aubergine
1 Knoblauchzehe
50 g getrocknete Tomaten
50 g Oliven
½ Bund Rosmarin
½ Bund Basilikum
2 EL Rapsöl
100 ml Gemüsebrühe
Salz, Pfeffer

**Nährwerte p. P.**

*277 kcal*
*27 g Kohlenhydrate*
*14 g Fett*
*10 g Eiweiß*

1 Zunächst das Buchweizenmehl mit der veganen Milch und einer Prise Salz verrühren. Die Eier unterrühren und den Teig mindestens 10 Minuten ruhen lassen.

2 Die Zucchini und die Aubergine putzen und klein würfeln. Den Knoblauch schälen und fein hacken. Die getrockneten Tomaten klein schneiden und die Oliven in Ringe. Die Kräuter waschen, trocken tupfen und hacken.

3 Erhitzen Sie 1 EL Öl und braten Sie Aubergine und Zucchini darin an. Oliven, Knoblauch und Tomaten hineinrühren, 2 Minuten mitgaren und dann mit der Gemüsebrühe ablöschen. Salz, Pfeffer und die Kräuter dazugeben.

4 Erhitzen Sie 1 EL Öl in einer Pfanne bei mittlerer Hitze. Backen Sie 4 Buchweizen-Pfannkuchen darin aus.

5 Belegen Sie die Pfannkuchen mit dem Gemüse. Mit übrig gebliebenen Kräutern bestreuen.

# SOMMERRÖLLCHEN

15 Port. | 15 Min. | Leicht

**Zutaten**

1 Gurke
½ Packung Glasnudeln (aus Reis)
½ Avocado
1 Möhre
1 Handvoll Salat
2 EL Erdnüsse, gehackt
1 EL Erdnussöl

**Für die Sweet-Chili-Soße:**
4 EL glutenfreie Sojasoße
2 EL kochendes Wasser
2 EL Reissirup
½ rote Chili, gehackt
Chiliflocken

**Nährwerte p. P.**

*68 kcal*
*9 g Kohlenhydrate*
*3 g Fett*
*1 g Eiweiß*

1 Lassen Sie die Glasnudeln etwa 10 Minuten in heißem Wasser ziehen. Das Gemüse putzen. Die Möhre in Streifen schneiden und mit Erdnussöl in einer Pfanne dünsten.

2 Die Avocado entsteinen und in Streifen schneiden. Den Salat klein schneiden. Die Gurke der Länge nach in sehr dünne Streifen schneiden.

3 Lassen Sie die Glasnudeln abtropfen und zerschneiden Sie sie. Nun rollen Sie die Sushi-Röllchen: Platzieren Sie die Nudeln auf einer Gurkenscheibe, geben Sie dann Möhre, Avocado und Nüsse darauf und rollen Sie die Gurke ein.

4 Rühren Sie nun noch die Sweet-Chili-Soße an, indem Sie alle Zutaten dafür in einer kleinen Schüssel gut vermengen. Die Röllchen in die Soße dippen und genießen.

# GEMÜSE-TOFU-PFANNE

1 Port. 10 Min. Leicht

**Zutaten**

1 Möhre
½ Zucchini
1 Spitzpaprika
1 Lauchzwiebel
120 g Basilikum-Tofu
1 TL Olivenöl
1 Prise Salz
1 TL Sojasoße
1 TL getrocknete italienische Kräuter

**Nährwerte p. P.**

*279 kcal*
*15 g Kohlenhydrate*
*14 g Fett*
*26 g Eiweiß*

1 Putzen Sie das Gemüse. Die Paprika entkernen und gemeinsam mit dem anderen Gemüse in mundgerechte Stücke schneiden. Die Lauchzwiebel in Ringe schneiden und den Tofu würfeln.

2 Braten Sie das Gemüse in etwas Öl auf mittlerer Hitzestufe an, dabei mit Salz und Kräutern abschmecken. Geben Sie ein wenig Sojasoße dazu und rühren Sie gut um. Am Ende noch den Tofu kurz mit anbraten und servieren.

# VEGANE BURRITOS

6 Port. | 35 Min. | Leicht

**Zutaten**

**Für die Füllung:**
200 g Reis
1 rote Zwiebel
260 g schwarze Bohnen oder Kidneybohnen
140 g Mais
2 EL Öl
250 g veganes Hack
2 TL Paprikapulver
1 Prise Cayennepfeffer
2 EL Tomatenmark
100 ml Wasser
¼ Eisbergsalat
1 Tomate
6 Tortilla-Wraps
150 g vegane Crème fraîche
150 g Salsa-Soße
Salz, Pfeffer

**Für die Guacamole:**
2 Avocados
1 Knoblauchzehe
1 EL Olivenöl
2 TL Zitronensaft
Salz, Pfeffer

**Nährwerte p. P.**

*598 kcal*
*84 g Kohlenhydrate*
*26 g Fett*
*15 g Eiweiß*

1 Kochen Sie den Reis nach Packungsanleitung. Schälen Sie die Zwiebel und hacken Sie sie klein. Die Bohnen und den Mais durch ein Sieb abgießen, mit kaltem Wasser abbrausen und abtropfen lassen.

2 Erhitzen Sie Öl in einer Pfanne und braten Sie das vegane Hack bei mittlerer Hitze an, bis es knusprig ist. Die Zwiebeln, die Bohnen und den Mais hineingeben und 2 bis 3 Minuten ebenfalls anbraten, bis die Zwiebeln glasig werden.

3 Würzen Sie den Pfanneninhalt mit Cayennepfeffer, Paprikapulver, Salz und Pfeffer. Das Tomatenmark und 100 ml Wasser hinzugeben und 5 Minuten lang köcheln lassen. Nehmen Sie die Pfanne vom Herd und schmecken Sie noch einmal ab.

4 Bereiten Sie die Guacamole vor. Dafür die Avocados halbieren, entsteinen und das Fruchtfleisch in eine Schüssel geben. Die Knoblauchzehe schälen und pressen. Mit den restlichen Zutaten zur Avocado geben und mit einer Gabel zu einer Creme verarbeiten. Salzen und pfeffern.

5 Den Eisbergsalat waschen, trocknen und klein schneiden. Die Tomaten putzen und würfeln.

6 Erwärmen Sie die Tortilla-Wraps für ein paar Minuten im Ofen oder in einer Pfanne. Die Tortillas dann mit Gemüse und Hackfleisch, Guacamole, Crème fraîche und Salsa belegen, dabei an allen Seiten einen Rand frei lassen. Dann die äußeren Seiten einschlagen und den Burrito fest aufrollen.

# KÜRBIS-KAROTTEN-RISOTTO

4 Port. | 1 Std. | Leicht

**Zutaten**

240 g Hokkaidokürbis
240 g Möhren
1 EL Olivenöl
Salz, Pfeffer

**Für das Risotto:**
300 g Reis
40 g Lauch
1 EL Knoblauchöl
1 EL Olivenöl
1 Liter Gemüsebrühe
2 TL Zitronenabrieb
2 EL Zitronensaft
120 g Spinat
3 EL Koriander, gehackt
50 g veganer Käse (optional)

**Nährwerte p. P.**

*498 kcal*
*79 g Kohlenhydrate*
*15 g Fett*
*12 g Eiweiß*

1 Heizen Sie den Ofen auf 200 °C Umluft vor. Schälen Sie den Kürbis und die Möhren und schneiden Sie beides in 1,5 cm große Stücke.

2 Geben Sie das Gemüse in eine Backform, beträufeln Sie es mit Olivenöl und würzen Sie mit Salz und Pfeffer. 20 bis 25 Minuten im Ofen backen, bis das Gemüse weich und angebräunt ist. Während des Backens ein paarmal umrühren.

3 Schneiden Sie für das Risotto als Erstes den Lauch grob. Bereiten Sie die Brühe vor und schneiden Sie den Spinat klein.

4 Erhitzen Sie einen großen Topf auf mittlerer Hitze. Braten Sie den Lauch in Oliven- und Knoblauchöl an und geben Sie den Reis dazu. Unter Rühren anbraten.

5 Geben Sie 125 ml der Brühe in den Topf und rühren Sie, bis der Reis die Flüssigkeit aufgenommen hat. Die restliche Brühe nach und nach hinzufügen und einrühren. Die Hitze etwas herunterschalten. Sollte der Reis nach 20 Minuten nicht gekocht sein, fügen Sie noch etwas Brühe dazu.

6 Sobald der Reis fertig ist, rühren Sie den Spinat, Zitronensaft und Zitronenschale ein. Salzen und pfeffern. Das geröstete Gemüse, frisch gehackten Koriander und, falls gewünscht, den veganen Käse dazugeben und alles gut vermengen.

# GEMÜSE-WRAPS MIT HUMMUS

4 Port. 10 Min. Leicht

**Zutaten**

380 g Kichererbsen
3 EL Olivenöl
2 TL Knoblauchöl
2 EL Tahini
½ EL Zitronensaft
1 TL Kreuzkümmel
70 g frischer Spinat
125 g Brokkoli
4 Tortillas
veganer Käse (optional)
Salz, Pfeffer

**Nährwerte p. P.**

*321 kcal*
*36 g Kohlenhydrate*
*18 g Fett*
*10 g Eiweiß*

1 Die Kichererbsen aus der Dose abgießen, abspülen und gemeinsam mit dem Olivenöl pürieren. Tahini, Zitronensaft, Knoblauchöl und Kreuzkümmel dazugeben, dann mit Salz und Pfeffer abschmecken.

2 Den Spinat waschen und den Brokkoli klein schneiden.

3 Brokkolistücke, Spinatblätter und Hummus auf den Tortillas verteilen. Wenn gewünscht, noch veganen Käse oder anderes Wurzelgemüse daraufgeben. Eng zusammenrollen und genießen.

# OFENKARTOFFELN

4 Port. | 1 Std. | Leicht

**Zutaten**

800 g Kartoffeln, festkochend
2 EL Olivenöl
4 Zweige Thymian
4 Stiele Schnittlauch
Salz

**Nährwerte p. P.**

*190 kcal*
*31 g Kohlenhydrate*
*5 g Fett*
*4 g Eiweiß*

1 Die Kartoffeln putzen und fächerartig einschneiden. Dann auf ein mit Backpapier ausgelegtes Backblech legen und salzen. Mit Öl bepinseln und im Backofen bei 160 °C Umluft für etwa 40 Minuten backen, bis sie goldbraun sind.

2 Schnittlauch und Thymian waschen, trocknen und grob hacken. Kurz bevor die Kartoffeln fertig sind, darüberstreuen, fertig backen und servieren.

# Fingerfood & Snacks

# BLUMENKOHL-SNACK

15 Port. 20 Min. Leicht

**Zutaten**

½ - 1 Blumenkohl
3 EL Kokosmehl
60 g Mandelmehl
2 Eier
60 g Parmesan
1 Prise Salz
1 Prise süßes Paprikapulver
1 Prise schwarzer Pfeffer
Kokosöl zum Braten

**Nährwerte p. P.**

*82 kcal*
*5 g Kohlenhydrate*
*4 g Fett*
*5 g Eiweiß*

1 Schneiden Sie den Blumenkohlkopf in mundgerechte Stücke. Blanchieren Sie die Stücke für 30 bis 40 Sekunden in gesalzenem Wasser, danach abgießen und in Eiswasser abkühlen lassen. Dann wieder abtropfen lassen und mit einem Papiertuch oder einem sauberen Geschirrtuch trocken tupfen.

2 Stellen Sie 3 Schüsseln bereit. Geben Sie in die erste Schüssel das Kokosmehl, in die zweite 2 verquirlte Eier und in die dritte die Mischung aus Mandelmehl, Parmesan, Paprikapulver, Salz und Pfeffer.

3 Geben Sie die Blumenkohlstücke zuerst ins Kokosmehl, dann in die Eier-Schüssel und dann in die Mehlmischung, dabei gut wenden. Beiseitelegen.

4 Erhitzen Sie Kokosöl in einer Pfanne und braten Sie den Blumenkohl goldbraun. Dann aus der Pfanne nehmen und auf Küchenpapier abtropfen lassen. Etwas abkühlen lassen und genießen!

# SNACK-FRITTATA

6 Port. 55 Min. Leicht

**Zutaten**

50 g Parmesan
200 g Zucchini / 1 kleine Zucchini
7 Eier
1 TL Olivenöl
80 g Feta
2 EL schwarze Oliven, entsteint
30 g getrocknete Tomaten
50 g Babyspinat
½ Bund Basilikum
Salz, Pfeffer

**Nährwerte p. P.**

*216 kcal*
*3 g Kohlenhydrate*
*14 g Fett*
*19 g Eiweiß*

1 Streichen Sie eine Muffinform mit Öl aus. Die Eier in einer größeren Schüssel aufschlagen und den Parmesan fein reiben, mit den Eiern vermischen. Die Zucchini putzen und würfeln.

2 Den Feta würfeln, die Tomaten und Oliven hacken. Spinat und Basilikum waschen, trocknen und hacken.

3 Geben Sie alle Zutaten zu den Eiern, mit Salz und Pfeffer würzen und vermischen.

4 Geben Sie die Mischung in die Muffinform und backen Sie sie im Ofen bei 180 °C Umluft für 25 bis 30 Minuten. Herausnehmen, aus der Form nehmen und genießen.

# KNUSPRIGE GRÜNKOHL-CHIPS

20 Port. | 20 Min. | Leicht

**Zutaten**

2 - 3 Handvoll Grünkohl
2 EL Olivenöl
2 Prisen Salz

**Nährwerte p. P.**

*45 kcal*
*2 g Kohlenhydrate*
*2 g Fett*
*1 g Eiweiß*

1 Heizen Sie den Ofen auf 170 °C Umluft vor. Waschen Sie den Grünkohl und tupfen Sie ihn mit Küchenpapier trocken.

2 Zupfen Sie die Blätter von den Stielen des Grünkohls. Schneiden Sie die Blätter in mundgerechte Stücke.

3 Geben Sie die Blätter auf ein mit Backpapier ausgelegtes Backblech. Tröpfeln Sie Öl darüber und salzen Sie den Grünkohl. Massieren Sie Öl und Salz in die Blätter. Verteilen Sie die Blätter so auf dem Blech, dass sie nicht übereinanderliegen.

4 Backen Sie die Grünkohl-Chips für 15 Minuten, bis sie knusprig sind.

# KNOBLAUCH-KRÄUTER-CRACKER

15 Port. | 10 Min. | Leicht

**Zutaten**

220 g Mandelmehl
1 Prise Salz
2 EL gehackte Kräuter nach Wahl (z. B. Rosmarin, Thymian, Salbei, Basilikum)
1 EL Knoblauchöl
1 Ei

**Nährwerte p. P.**

*78 kcal*
*3 g Kohlenhydrate*
*8 g Fett*
*3 g Eiweiß*

1 Vermengen Sie Mandelmehl, Salz und Kräuter in einer Schüssel miteinander.

2 Machen Sie eine Mulde in der Mitte der trockenen Zutaten und geben Sie die feuchten Zutaten hinzu. Alles vermengen, bis die Zutaten kombiniert sind.

3 Drücken Sie den Teig nun zu einem Ball zusammen. Geben Sie ihn dann auf ein Stück Backpapier und bedecken Sie ihn mit einem weiteren Stück. Rollen Sie den Teig nun mit einem Nudelholz auf eine Dicke von 4 mm aus. Je dünner der Teig, desto knuspriger der Cracker.

4 Entfernen Sie das obere Stück Backpapier und ritzen Sie mit einem Pizzaroller 5 cm große Quadrate in den Teig. Geben Sie den Teig in den Backofen und backen Sie die Cracker bei 180 °C Umluft 15 Minuten lang oder bis sie goldbraun sind. Abkühlen lassen und servieren.

# BLAUBEEREN-ENERGY-BALLS

32 Port. 25 Min. Leicht

**Zutaten**

180 g Blaubeeren, getrocknet
180 g Pekannüsse
6 EL Kakaonibs
6 EL Mandelbutter
3 EL Chiasamen
3 EL Ahornsirup
1 Prise Salz

**Nährwerte p. P.**

*101 kcal*
*102 g Kohlenhydrate*
*7 g Fett*
*2 g Eiweiß*

1 Geben Sie alle Zutaten in einen Mixer und mixen Sie, bis alles fein gehackt ist. Kratzen Sie gründlich die Seiten ab und mixen Sie erneut. Die Mischung sollte leicht krümelig sein.

2 Feuchten Sie Ihre Hände an und drücken Sie etwa 1 EL der Mischung fest zwischen den Händen zusammen und formen Sie den Teig zu einer Kugel. Mit dem Rest wiederholen, bis nichts mehr von der Mischung übrig ist.

# CHICORÉE-FÄCHER

2 Port. 35 Min. Leicht

**Zutaten**

150 g Chicorée-Sprossen
Olivenöl
Meersalz

**Nährwerte p. P.**

*11 kcal*
*3 g Kohlenhydrate*
*2 g Fett*
*1 g Eiweiß*

1 Pinseln Sie eine Auflaufform mit Olivenöl ein.

2 Entfernen Sie die äußeren Chicoréeblätter. Schneiden Sie die Anschnittfläche an der Sprossenunterseite frisch ab, sodass sie weiß ist. Der Strunk soll die Blätter aber noch zusammenhalten. Den Chicorée waschen und trocken tupfen.

3 Heizen Sie den Ofen auf 200 °C Ober- und Unterhitze vor. Halbieren Sie jede Sprosse längs und halbieren Sie die Hälften gegebenenfalls noch einmal, je nachdem, wie dick sie sind.

4 Legen Sie die Chicoréestücke mit der Schnittfläche nach unten in die Auflaufform und bestreuen Sie sie mit Salz.

5 Im vorgeheizten Ofen für 15 Minuten backen, bis der Chicorée angebräunt ist. Am besten bekommt das Gemüse viel Unterhitze ab. Herausnehmen und servieren.

**Tipp:** Die Chicorée-Sprossen können auch gegrillt werden und halten sich abgedeckt im Kühlschrank 3 bis 5 Tage.

# KOHLRABI-POMMES

2 Port. | 40 Min. | Leicht

**Zutaten**

2 Kohlrabi
2 TL Olivenöl
½ TL Currypulver
½ TL Paprikapulver
1 Prise Salz

**Nährwerte p. P.**

*94 kcal*
*10 g Kohlenhydrate*
*3 g Fett*
*3 g Eiweiß*

1 Schälen Sie den Kohlrabi gründlich und schneiden Sie ihn in Pommesstreifen. Schneiden Sie sie nicht zu dick, sonst werden sie nicht so knusprig.

2 Tupfen Sie die Pommes mit einem sauberen Geschirrtuch oder mit etwas Küchenpapier trocken.

3 Vermengen Sie den Kohlrabi mit Olivenöl, Currypulver und Paprikapulver. Auf ein mit Backpapier ausgelegtes Backblech legen und gleichmäßig verteilen.

4 Backen Sie die Pommes bei 220 °C Umluft im Ofen. Öffnen Sie zwischendurch die Ofentür, damit Feuchtigkeit entweichen kann. Nach 10 Minuten wenden und für weitere 10 Minuten backen, dann herausnehmen und etwas abkühlen lassen.

# AUBERGINEN-MINI-PIZZA

4 Port. 35 Min. Leicht

**Zutaten**

1 Aubergine
2 EL Olivenöl
300 g Rinderhackfleisch
400 g Tomaten, stückig
½ Bund Basilikum
100 g Feta
Salz, Pfeffer

**Nährwerte p. P.**

*300 kcal*
*4 g Kohlenhydrate*
*22 g Fett*
*21 g Eiweiß*

1 Die Aubergine putzen und in 1 cm dicke Scheiben schneiden. Die Scheiben dann auf ein mit Backpapier ausgelegtes Backblech legen. Mit Salz bestreuen und mit 1 EL Olivenöl beträufeln. Im Ofen bei 200 °C Umluft 15 bis 20 Minuten backen.

2 1 EL Olivenöl in einer Pfanne erhitzen. Das Hackfleisch auf hoher Hitzestufe 5 Minuten lang braten, bis es krümelig wird. Die Tomaten hinzufügen und bei mittlerer Hitzestufe 4 Minuten garen.

3 Das Basilikum waschen, trocknen und grob hacken. Mit in die Pfanne geben und vermengen. Salzen und pfeffern.

4 Nehmen Sie die Auberginenschalen aus dem Ofen und geben Sie die Hackfleisch-Mischung auf die Scheiben. Den Feta darüber zerbröseln und die Scheiben dann noch einmal 5 Minuten backen, bis der Käse geschmolzen ist. Die Mini-Pizzen aus dem Ofen nehmen und servieren.

# FEIGEN IN SCHOKOLADE

16 Port. | 20 Min. | Leicht

**Zutaten**

8 Feigen, getrocknet
45 g dunkle Schokoladendrops
1 EL Macadamianüsse, gehackt
½ TL Kokosöl

**Nährwerte p. P.**

*38 kcal*
*4 g Kohlenhydrate*
*2 g Fett*
*0 g Eiweiß*

1 Legen Sie ein kleines Backblech mit Backpapier aus. Die Stiele von den getrockneten Feigen abschneiden und die Feigen dann der Länge nach halbieren.

2 Geben Sie die Schokodrops mit dem Kokosöl in eine kleine Schüssel. In Intervallen von 20 Sekunden in der Mikrowelle erwärmen und nach jedem Intervall umrühren, bis die Schokolade geschmolzen und glatt ist.

3 Nehmen Sie die obere Hälfte einer halbierten Feige und tauchen Sie sie zur Hälfte in die geschmolzene Schokolade. Die überschüssige Schokolade vorsichtig abschütteln und die Feigenhälfte auf das Backblech geben. Mit den anderen Hälften wiederholen.

4 Streuen Sie die fein gehackten Macadamianüsse auf die geschmolzene Schokolade auf den Feigen. Dann für 5 Minuten in den Gefrierschrank geben, bis die Schokolade fest wird. Herausnehmen und genießen.

# GEBACKENE EIER-MUFFINS

6 Port. | 30 Min. | Leicht

**Zutaten**

5 Eier
40 ml Mandelmilch, ungesüßt
Je 1 Prise Salz und Pfeffer
70 g Würstchen nach Wahl
45 g Spinat
30 g rote Paprika
Butter zum Einfetten

**Nährwerte p. P.**

*94 kcal*
*10 g Kohlenhydrate*
*3 g Fett*
*3 g Eiweiß*

1 Den Spinat waschen, trocken tupfen und die Blätter in Stücke reißen. Die Paprika putzen und in kleine Würfel schneiden. Den Ofen auf 180 °C Umluft vorheizen.

2 Fetten Sie ein Muffinblech mit Butter ein und stellen Sie es beiseite. In einer Schüssel Eier, Mandelmilch, Salz und Pfeffer verquirlen.

3 Braten Sie die Würstchen in einer Pfanne bei mittlerer Hitze.

4 Geben Sie in das vorbereitete Muffinblech jeweils ein wenig von den gebratenen Würstchen, von den Spinatblättern und der Paprika. Gießen Sie dann die Eiermischung darüber. Füllen Sie die Form so auf, dass oben noch etwas Platz bleibt.

5 Für 15 bis 20 Minuten in den Ofen geben. Aus dem Ofen nehmen, wenn die Muffins noch nicht ganz durch sind, dann für 3 Minuten erneut in den Ofen geben. Herausnehmen, etwas abkühlen lassen und servieren.

# Süßspeisen & Desserts

# WALNUSS-RIEGEL

8 Port. | 1 Std. 10 Min. | Leicht

### Zutaten

240 g Erdnussbutter, cremig
75 g Rosinen, getrocknet
2 Bananen
100 g Walnüsse
1 TL Vanilleextrakt
2 Prisen Salz
gehackte Nüsse nach Wahl

### Nährwerte p. P.

*67 kcal*
*13 g Kohlenhydrate*
*4 g Fett*
*2 g Eiweiß*

1 Zunächst geben Sie Erdnussbutter, Rosinen, Bananen, Walnüsse, Vanille und Salz in einen Mixer und mixen alles für 2 bis 3 Minuten. Stoppen Sie zwischendurch und drücken Sie die Zutaten vom Rand mit einem Spatel nach unten, falls erforderlich.

2 Nehmen Sie den Teig nun aus dem Mixer und geben Sie ihn auf ein Stück gewachstes Papier oder Backpapier. Drücken Sie den Teig nun zu einer Kugel. Legen Sie auf die Kugel dann ein zweites Stück Papier und rollen Sie den Teig mit einem Nudelholz auf eine Dicke von etwa 2 bis 3 cm aus. Die Ränder bei Bedarf zurückdrücken.

3 Entfernen Sie das obere Papier und streuen Sie nach Belieben noch ein paar weitere gehackte Nüsse darauf. Legen Sie das Papier wieder auf den Teig und rollen Sie die Nussstücke vorsichtig noch einmal in den Teig.

4 Entfernen Sie das obere Papier wieder und schneiden Sie den Teig in Quadrate. Die Stücke nun für 1 Stunde in den Kühlschrank geben und dann als Snack genießen. Im Kühlschrank lagern.

# ZITRONEN-TARTE

12 Port. | 1 Std. 55 Min. | Mittel

**Zutaten**

**Für den Teig:**
180 g Kastanienmehl
30 g Pekannüsse
6 EL Ghee
1 TL Vanilleextrakt
1 Prise Salz
86 g Ahornsirup

**Füllung:**
Saft von 4 Zitronen
250 g Honig
5 Eier
2 EL Ghee
2 EL Kokosöl
1 Prise Salz
Schale von einer Zitrone

**Nährwerte p. P.**

*240 kcal*
*27 g Kohlenhydrate*
*13 g Fett*
*4 g Eiweiß*

1 Geben Sie die Pekannüsse in einen Mixer und mixen Sie so lange, bis die Nüsse klein gehackt sind.

2 Geben Sie nun alle anderen Zutaten für den Teig in den Mixer und mixen Sie so lange, bis der Teig glatt ist. Gegebenenfalls noch etwas Wasser hinzufügen, falls der Teig zu trocken ist.

3 Fetten Sie eine 25x25-Backform mit Ghee ein und drücken Sie den Teig gleichmäßig auf die Bodenfläche. Stellen Sie den Teig für 1 Stunde in den Kühlschrank.

4 Heizen Sie den Ofen auf 170 °C Ober- und Unterhitze vor. Nehmen Sie den Teig aus dem Kühlschrank und backen Sie ihn im Ofen für 20 bis 25 Minuten. Hinausnehmen und abkühlen lassen.

5 Geben Sie nun alle Zutaten für die Füllung in einen Mixer und pürieren Sie alles, bis eine glatte Konsistenz erreicht ist. Geben Sie die Füllung nun in einen Topf und erhitzen Sie sie bei niedriger bis mittlerer Hitze unter ständigem Rühren für 10 Minuten. Die Mischung sollte dick werden, rühren Sie ständig weiter.

6 Nehmen Sie die Füllung von der Hitze und gießen Sie sie auf den Teig. Nun auf Raumtemperatur abkühlen lassen und dann im Kühlschrank ganz kalt werden lassen. In Stücke schneiden und servieren.

# PISTAZIEN-BAKLAVA

24 Port. 50 Min. Mittel

**Zutaten**

**Für die Füllung:**
200 g Pistazien
45 g Zucker
Je 1 Prise Salz, Kardamom, Zimt und Koriander
3 EL Vanilleextrakt
1 EL Kokosöl

**Für den Sirup:**
120 ml Ahornsirup
1 Prise Kardamom
1 Prise Zimt
½ TL Vanilleextrakt
3 Tropfen Sesamöl
2 Prisen Salz

**Für den Teig:**
8 Blätter Filoteig
120 ml Walnussöl oder Olivenöl
2 EL gehackte Nüsse zum Garnieren

**Nährwerte p. P.**

*256 kcal*
*21 g Kohlenhydrate*
*9 g Fett*
*2 g Eiweiß*

1 Heizen Sie den Ofen auf 180 °C Umluft vor. Vermengen Sie alle Zutaten für die Füllung in einem Mixer und mixen Sie, bis eine glatte Paste entsteht. Rollen Sie die Paste nun zu vier Rollen, die so lang sind wie die kurze Seite des Filoteigs.

2 Packen Sie den Filoteig aus. Bestreichen Sie ein Teigblatt mit Öl und legen Sie ein weiteres Blatt darauf. Auch dieses Blatt mit Öl bestreichen.

3 Legen Sie nun eine Rolle der Paste entlang der kurzen Seite des Teigs und rollen Sie sie zu einer langen zylindrischen Form. Nun die Außenseite mit Öl bestreichen, beiseitestellen und das Ganze mit dem restlichen Filoteig und der Pistazienpaste wiederholen.

4 Legen Sie die Teigrollen nebeneinander und schneiden Sie sie in Sechstel, Sie sollten so 24 kleine Rollen erhalten. Legen Sie die Rollen jetzt auf ein mit Backpapier ausgelegtes Backblech und backen Sie sie 20 Minuten, bis sie goldbraun sind. Die Unterseiten bräunen schneller als die Oberseiten, achten Sie also darauf, dass die Unterseiten nicht verbrennen.

5 Während der Teig backt, können Sie alle Zutaten für den Sirup zusammenrühren. Nehmen Sie die Rollen aus dem Ofen und gießen Sie den Sirup darüber, dabei ein wenig hin und her rollen, bis der Sirup in den Teig eingezogen ist. Mit gehackten Nüssen garnieren und servieren.

# ERDMANDEL-HIMBEER-MACARONS

15 Port. | 40 Min. | Leicht

**Zutaten**

**Für die Schalen:**
120 g Erdmandelflocken
100 g Puderzucker
2 Eiweiße
1 Prise Salz
1 TL Natron
Abrieb von einer Zitrone

**Für die Füllung:**
100 g vegane weiße Schokolade
80 g Himbeeren
50 g laktosefreie Butter
1 EL Himbeermarmelade

**Nährwerte p. P.**

*78 kcal*
*34 g Kohlenhydrate*
*2 g Fett*
*1 g Eiweiß*

1 Bereiten Sie als Erstes die Schalen für die Macarons vor. Vermengen Sie hierfür Erdmandelflocken, Puderzucker, Salz, Natron und Zitronenabrieb in einer Schüssel. Schlagen Sie das Eiweiß auf und heben Sie es unter die trockenen Zutaten.

2 Füllen Sie den Teig in eine Spritztüte und spritzen Sie auf einem mit Backpapier ausgelegten Backblech 5-Centstück große Kreise, bis der Teig leer ist. Backen Sie die Schalen dann im Ofen bei 180 °C Umluft für 10 Minuten.

3 Lassen Sie in der Zwischenzeit Schokolade zusammen mit der Butter schmelzen. Geben Sie Himbeeren und Himbeermarmelade dazu und pürieren Sie alles mit einem Stabmixer oder in einem Standmixer. Im Kühlschrank 20 Minuten kalt stellen.

4 Nehmen Sie die Schalen aus dem Ofen und lassen Sie sie abkühlen. Geben Sie dann die Himbeermasse in eine Spritztüte und geben Sie diese immer zwischen zwei Schalen, dann kann serviert werden.

# BEEREN-PARFAIT

1 Port. | 5 Min. | Leicht

**Zutaten**

160 g laktosefreier Joghurt
80 g gefrorene gemischte Beeren (Erdbeeren, Heidelbeeren, Himbeeren)
10 Pekannüsse
2 EL Honig

**Nährwerte p. P.**

*278 kcal*
*50 g Kohlenhydrate*
*11 g Fett*
*6 g Eiweiß*

1 Füllen Sie die gefrorenen Beeren in eine kleine Schüssel und erhitzen Sie sie in einer Mikrowelle, bis sie so weich sind wie gewünscht.

2 Geben Sie etwas von den Beeren auf den Boden eines Glases oder einer höheren Schüssel. Auf die Beeren kommt nun der Joghurt, darauf kommen die restlichen Beeren.

3 Die Pekannüsse zerdrücken und über das Parfait streuen. Je nach Geschmack noch Honig darübergeben.

# CHOCOLATE-CHIP-EISCREME

4 Port. | 40 Min. | Schwer

## Zutaten

**Für die Eiscreme:**
240 ml Kokosmilch
240 ml Mandelmilch, ungesüßt
3 EL rohes Kakaopulver
2 EL Honig

**Für die Schokoladenstückchen:**
110 g rohe Kakaobutter
40 g rohes Kakaopulver
½ TL Stevia

**Nährwerte p. P.**

*189 kcal*
*17 g Kohlenhydrate*
*42 g Fett*
*4 g Eiweiß*

1 Gießen Sie Kokos- und Mandelmilch in eine große Schüssel.

2 Schmelzen Sie das Kakaopulver mit 100 ml kochendem Wasser und rühren Sie ständig um, damit keine Klumpen entstehen. Gießen Sie die Mischung dann in eine Schüssel und rühren Sie den Honig hinein, gründlich vermengen.

3 Gießen Sie die Schokoladenmilchmischung in eine Eismaschine und folgen Sie den Anweisungen des Herstellers.

4 Bereiten Sie in der Zwischenzeit die Schokoladenstückchen vor. Geben Sie die Kakaobutter in eine hitzebeständige Schüssel. Nun in 30-Sekunden-Intervallen in der Mikrowelle erhitzen und in jeder Zwischenpause umrühren, bis die Butter geschmolzen ist und eine Temperatur zwischen 40 und 45 °C erreicht hat. Sieben Sie das Kakaopulver dazu und geben Sie das Stevia hinein, dann gründlich durchmischen.

5 Belegen Sie eine kühle Oberfläche mit Backpapier und gießen Sie die Schokoladenmischung darauf. Bewegen Sie die Masse mit einem Spatel ständig hin und her, bis eine Zahnpastakonsistenz entstanden ist. Geben Sie die Masse dann zurück in die Schüssel und erwärmen Sie sie in 5-Sekunden-Intervallen in der Mikrowelle. Zwischen jedem Durchgang umrühren. Wenn die Temperatur etwa 28 °C erreicht hat, legen Sie ein Backblech mit Backpapier aus und gießen die Mischung darüber. Fest werden lassen und die Schokolade fein hacken.

6 Fügen Sie die Schokoladenstückchen der Eismischung zu, bevor diese fast fest ist. Ein paar Stücke behalten, um das Eis damit dann zu toppen. Sofort servieren.

**Tipp:** Wenn Sie keine Zeit haben, um die Schokoladenstückchen selbst herzustellen, können Sie alternativ 4 EL Kakaonibs verwenden.

# ERDBEER-RHABARBER-CRUMBLE

2 Port. 35 Min. Leicht

**Zutaten**

100 g Rhabarber
10 - 15 Erdbeeren
20 g Buchweizenmehl
10 g Mandelmehl
15 g gemahlene Mandeln
30 g Traubenzucker
1 TL Zimt
2 Prisen Salz
30 g Butter
2 TL Ahornsirup

**Nährwerte p. P.**

*312 kcal*
*37 g Kohlenhydrate*
*18 g Fett*
*3 g Eiweiß*

1 Die Früchte putzen. Den Rhabarber in 1,5 cm dicke Stücke schneiden.

2 Vermischen Sie alle trockenen Zutaten in einer Schüssel. Schneiden Sie die Butter in Stücke und geben Sie sie in die Schüssel, dann mit der Hand verkneten. Der Teig sollte sehr bröselig sein. Sollte er zu feucht sein, geben Sie noch etwas mehr Buchweizenmehl oder Mandeln dazu. Ist er zu trocken, geben Sie mehr Butter dazu.

3 Heizen Sie den Ofen auf 200 °C Ober- und Unterhitze vor. Legen Sie eine kleine Auflaufform mit den Früchten aus und geben Sie den Sirup darüber.

4 Belegen Sie die Früchte nun großzügig mit dem Teig und backen Sie den Crumble 10 Minuten lang. Die Hitze auf 180 °C reduzieren und für weitere 8 bis 15 Minuten backen, bis der Crumble schön braun geworden ist.

# ZIMTPLÄTZCHEN

60 Port. | 1,5 Std. | Leicht

**Zutaten**

350 g Mandeln, ungeschält, fein gerieben
250 g Puderzucker
1 - 2 EL Zimt
2 Eiweiße

**Für den Guss:**
1 Eiweiß
150 g Puderzucker
2 TL Zimt

**Nährwerte p. P.**

*61 kcal*
*7 g Kohlenhydrate*
*3 g Fett*
*1 g Eiweiß*

1 Vermischen Sie Puderzucker, Mandeln und Zimt miteinander. Geben Sie dann das Eiweiß dazu und verkneten Sie die Mischung mit den Händen zu einem Teig.

2 Stäuben Sie eine Arbeitsfläche mit Puderzucker aus und rollen Sie den Teig portionsweise 1 cm dick aus. Nun mit einem Ausstecher 3 bis 5 cm große Sterne ausstechen. Legen Sie die Plätzchen auf ein mit Backpapier ausgelegtes Blech.

3 Schlagen Sie für den Guss als Erstes das Eiweiß steif. Den Puderzucker nach und nach dazugeben und weiterschlagen, dann, wenn gewünscht, auch noch den Zimt dazugeben.

4 Bestreichen Sie die Plätzchen großzügig mit dem Guss. Dann bei 160 °C Ober- und Unterhitze auf der untersten Schiene 10 bis 12 Minuten backen. Herausnehmen, auskühlen lassen und genießen.

# Getränke

# LEINSAMEN-TEE

1 Port. | 25 Min. | Leicht

**Zutaten**

2 EL Leinsamen
200 ml Wasser

**Nährwerte p. P.**

*90 kcal*
*5 g Kohlenhydrate*
*6 g Fett*
*3 g Eiweiß*

1 Geben Sie die Leinsamen in einen Mörser und zerdrücken Sie die Samen etwas.

2 Erhitzen Sie das Wasser. Geben Sie es zusammen mit den Samen in ein hitzebeständiges Glas und lassen Sie den Mix 20 Minuten lang ziehen, dabei ab und zu umrühren.

3 Gießen Sie die Mischung durch ein Sieb ab und fangen Sie sie in einer Tasse auf.

**Tipp:** Dieser Drink ist nicht nur für den Darm gesund, er hilft auch bei akutem Sodbrennen.

# ACAI-DRINK

1 Port. 25 Min. Leicht

**Zutaten**

250 ml Erbsenmilch, ungesüßt
1 Handvoll Heidelbeeren
1 Banane
1 TL Acai-Pulver
1 TL Leinsamen, geschrotet
1 EL Erdmandeln, gemahlen

**Nährwerte p. P.**

*90 kcal*
*5 g Kohlenhydrate*
*6 g Fett*
*3 g Eiweiß*

1 Geben Sie alle Zutaten in einen Mixer und mixen Sie alles so lange, bis alles gut miteinander vermengt ist.

2 Sollte Ihnen die Konsistenz zu dickflüssig sein, können Sie noch etwas Wasser oder Erbsenmilch hinzugeben.

# ERDNUSS-BANANEN-SMOOTHIE

2 Port. 5 Min. Leicht

**Zutaten**

2 - 4 EL Erdnussbutter, ohne zusätzlichen Zucker
1 reife Banane
150 g laktosefreier Joghurt
2 EL Honig
4 Eiswürfel
etwas Vanilleextrakt
1 Prise Salz

**Nährwerte p. P.**

*478 kcal*
*67 g Kohlenhydrate*
*21 g Fett*
*3 g Eiweiß*

1 Geben Sie alle Zutaten in einen Mixer und mixen Sie so lange, bis eine cremige Konsistenz erreicht ist.

# KURKUMA-TEE

2 Port. | 5 Min. | Leicht

**Zutaten**

2 cm Kurkuma, frisch
2 cm Ingwer, frisch
1 Zitrone
3 Tropfen Stevia
600 ml kochendes Wasser
Eiswürfel

**Nährwerte p. P.**

*12 kcal*
*3 g Kohlenhydrate*
*0 g Fett*
*0 g Eiweiß*

1 Reiben Sie die Kurkuma und den Ingwer fein. Schneiden Sie die Zitrone in Scheiben. Geben Sie die Zutaten mit Stevia in eine Kaffeepresse.

2 Füllen Sie die Presse mit kochendem Wasser auf. Lassen Sie den Tee 5 bis 10 Minuten ziehen. Dann abseihen und bis zum Servieren kühl stellen.

3 Geben Sie den Tee zum Servieren in ein hohes Glas, das mit Eis gefüllt ist. Den Tee übers Eis gießen und genießen.

# MAGEN-HEILTEE

2 Port. | 10 Min. | Leicht

**Zutaten**

2 TL Wermutkraut
1 Handvoll Minze
500 ml Wasser

**Nährwerte p. P.**

*10 kcal*
*1 g Kohlenhydrate*
*0 g Fett*
*0 g Eiweiß*

1 Waschen Sie die Kräuter und trocknen Sie sie. Die Pfefferminze hacken.

2 Zusammen mit dem Wermutkraut in ein Teesieb geben und mit kochendem Wasser übergießen. 5 Minuten ziehen lassen.

**Tipp:** Wermutkraut bekommen Sie in der Apotheke.

# HIMBEERSHAKE

2 Port. 10 Min. Leicht

**Zutaten**

200 g Himbeeren, gefroren
2 EL Mandelmus
3 EL Haferflocken
300 ml Wasser
2 TL Traubenzucker

**Nährwerte p. P.**

*457 kcal*
*23 g Kohlenhydrate*
*7 g Fett*
*5 g Eiweiß*

1 Die Himbeeren antauen lassen.

2 Mit den restlichen Zutaten in einen Mixer geben und so lange mixen, bis der Shake cremig ist.

**Tipp:** Der Shake kann auch mit nicht gefrorenen Himbeeren gemacht werden, servieren Sie ihn dann mit etwas Eis.

1. Auflage

Kontakt: JT Handels UG/ Berumer Str. 44/ 26844 Jemgum

Covergestaltung: Fenna Larsson

Coverfoto: depositphotos.com